TRANZLATY

La Langue est pour tout le Monde

Language is for everyone

L'appel de la forêt

The Call of the Wild

Jack London

Français/ English

Dans le primitif
Into the Primitive

Buck ne lisait pas les journaux.
Buck did not read the newspapers.
S'il avait lu les journaux, il aurait su que des problèmes se préparaient.
Had he read the newspapers he would have known trouble was brewing.
Il y avait des problèmes non seulement pour lui-même, mais pour tous les chiens de la marée.
There was trouble not alone for himself, but for every tidewater dog.
Tout chien musclé et aux poils longs et chauds allait avoir des ennuis.
Every dog strong of muscle and with warm, long hair was going to be in trouble.
De Puget Bay à San Diego, aucun chien ne pouvait échapper à ce qui allait arriver.
From Puget Bay to San Diego no dog could escape what was coming.
Des hommes, tâtonnant dans l'obscurité de l'Arctique, avaient trouvé un métal jaune.
Men, groping in the Arctic darkness, had found a yellow metal.
Les compagnies de navigation et de transport étaient à la recherche de cette découverte.
Steamship and transportation companies were chasing the discovery.
Des milliers d'hommes se précipitaient vers le Nord.
Thousands of men were rushing into the Northland.
Ces hommes voulaient des chiens, et les chiens qu'ils voulaient étaient des chiens lourds.
These men wanted dogs, and the dogs they wanted were heavy dogs.
Chiens dotés de muscles puissants pour travailler.
Dogs with strong muscles by which to toil.

Chiens avec des manteaux de fourrure pour les protéger du gel.
Dogs with furry coats to protect them from the frost.

Buck vivait dans une grande maison dans la vallée ensoleillée de Santa Clara.
Buck lived at a big house in the sun-kissed Santa Clara Valley.
La maison du juge Miller s'appelait ainsi.
Judge Miller's place, his house was called.
Sa maison se trouvait en retrait de la route, à moitié cachée parmi les arbres.
His house stood back from the road, half hidden among the trees.
On pouvait apercevoir la large véranda qui courait autour de la maison.
One could get glimpses of the wide veranda running around the house.
On accédait à la maison par des allées gravillonnées.
The house was approached by graveled driveways.
Les sentiers serpentaient à travers de vastes pelouses.
The paths wound about through wide-spreading lawns.
Au-dessus de nos têtes se trouvaient les branches entrelacées de grands peupliers.
Overhead were the interlacing boughs of tall poplars.
À l'arrière de la maison, les choses étaient encore plus spacieuses.
At the rear of the house things were on even more spacious.
Il y avait de grandes écuries, où une douzaine de palefreniers discutaient
There were great stables, where a dozen grooms were chatting
Il y avait des rangées de maisons de serviteurs recouvertes de vigne
There were rows of vine-clad servants' cottages
Et il y avait une gamme infinie et ordonnée de toilettes extérieures
And there was an endless and orderly array of outhouses

Longues tonnelles de vigne, pâturages verts, vergers et parcelles de baies.

Long grape arbors, green pastures, orchards, and berry patches.

Ensuite, il y avait l'usine de pompage du puits artésien.

Then there was the pumping plant for the artesian well.

Et il y avait le grand réservoir en ciment rempli d'eau.

And there was the big cement tank filled with water.

C'est ici que les garçons du juge Miller ont fait leur plongeon matinal.

Here Judge Miller's boys took their morning plunge.

Et ils se sont rafraîchis là-bas aussi dans l'après-midi chaud.

And they cooled down there in the hot afternoon too.

Et sur ce grand domaine, Buck était celui qui régnait sur tout.

And over this great domain, Buck was the one who ruled all of it.

Buck est né sur cette terre et y a vécu toutes ses quatre années.

Buck was born on this land and lived here all his four years.

Il y avait bien d'autres chiens, mais ils n'avaient pas vraiment d'importance.

There were indeed other dogs, but they did not truly matter.

D'autres chiens étaient attendus dans un endroit aussi vaste que celui-ci.

Other dogs were expected in a place as vast as this one.

Ces chiens allaient et venaient, ou vivaient à l'intérieur des chenils très fréquentés.

These dogs came and went, or lived inside the busy kennels.

Certains chiens vivaient cachés dans la maison, comme Toots et Ysabel.

Some dogs lived hidden in the house, like Toots and Ysabel did.

Toots était un carlin japonais, Ysabel un chien nu mexicain.

Toots was a Japanese pug, Ysabel a Mexican hairless dog.

Ces étranges créatures sortaient rarement de la maison.

These strange creatures rarely stepped outside the house.

Ils n'ont pas touché le sol, ni respiré l'air libre à l'extérieur.

They did not touch the ground, nor sniff the open air outside.

Il y avait aussi les fox-terriers, au moins une vingtaine.

There were also the fox terriers, at least twenty in number.

Ces terriers aboyaient férocement sur Toots et Ysabel à l'intérieur.

These terriers barked fiercely at Toots and Ysabel indoors.

Toots et Ysabel sont restés derrière les fenêtres, à l'abri du danger.

Toots and Ysabel stayed behind windows, safe from harm.

Ils étaient gardés par des domestiques munies de balais et de serpillères.

They were guarded by housemaids with brooms and mops.

Mais Buck n'était pas un chien de maison, et il n'était pas non plus un chien de chenil.

But Buck was no house-dog, and he was no kennel-dog either.

L'ensemble de la propriété appartenait à Buck comme son royaume légitime.

The entire property belonged to Buck as his rightful realm.

Buck nageait dans le réservoir ou partait à la chasse avec les fils du juge.

Buck swam in the tank-or went hunting with the Judge's sons.

Il marchait avec Mollie et Alice tôt ou tard le soir.

He walked with Mollie and Alice in the early or late hours.

Lors des nuits froides, il s'allongeait devant le feu de la bibliothèque avec le juge.

On cold nights he lay before the library fire with the Judge.

Buck a promené les petits-fils du juge sur son dos robuste.

Buck gave rides to the Judge's grandsons on his strong back.

Il roula dans l'herbe avec les garçons, les surveillant de près.

He rolled in the grass with the boys, guarding them closely.

Ils s'aventurèrent jusqu'à la fontaine et même au-delà des champs de baies.

They ventured to the fountain and even past the berry fields.

Parmi les fox terriers, Buck marchait toujours avec une fierté royale.

Among the fox terriers, Buck walked with royal pride always.

Il ignora Toots et Ysabel, les traitant comme s'ils étaient de l'air.

He ignored Toots and Ysabel, treating them like they were air.

Buck régnait sur toutes les créatures vivantes sur les terres du juge Miller.

Buck ruled over all living creatures on Judge Miller's land.

Il régnait sur les animaux, les insectes, les oiseaux et même les humains.

He ruled over animals, insects, birds, and even humans.

Le père de Buck, Elmo, était un énorme et fidèle Saint-Bernard.

Buck's father Elmo had been a huge and loyal St. Bernard.

Elmo n'a jamais quitté le juge et l'a servi fidèlement.

Elmo never left the Judge's side, and served him faithfully.

Buck semblait prêt à suivre le noble exemple de son père.

Buck seemed ready to follow his father's noble example.

Buck n'était pas aussi gros, pesant cent quarante livres.

Buck was not quite as large, weighing one hundred and forty pounds.

Sa mère, Shep, était un excellent chien de berger écossais.

His mother, Shep, had been a fine Scotch shepherd dog.

Mais même avec ce poids, Buck marchait avec une présence royale.

But even at that weight, Buck walked with regal presence.

Cela venait de la bonne nourriture et du respect qu'il recevait toujours.

This came from good food and the respect he always received.

Pendant quatre ans, Buck a vécu comme un noble gâté.

For four years, Buck had lived like a spoiled nobleman.

Il était fier de lui, et même légèrement égoïste.

He was proud of himself, and even slightly egotistical.

Ce genre de fierté était courant chez les seigneurs des régions reculées.

That kind of pride was common in remote country lords.

Mais Buck s'est sauvé de devenir un chien de maison choyé.

But Buck saved himself from becoming pampered house-dog.

Il est resté mince et fort grâce à la chasse et à l'exercice.

He stayed lean and strong through hunting and exercise.

Il aimait profondément l'eau, comme les gens qui se baignent dans les lacs froids.

He loved water deeply, like people who bathe in cold lakes.

Cet amour pour l'eau a gardé Buck fort et en très bonne santé.

This love for water kept Buck strong, and very healthy.

C'était le chien que Buck était devenu à l'automne 1897.

This was the dog Buck had become in the fall of 1897.

Lorsque la découverte du Klondike a attiré des hommes vers le Nord gelé.

When the Klondike strike pulled men to the frozen North.

Des gens du monde entier se sont précipités vers ce pays froid.

People rushed from all over the world into the cold land.

Buck, cependant, ne lisait pas les journaux et ne comprenait pas les nouvelles.

Buck, however, did not read the papers, nor understand news.

Il ne savait pas que Manuel était un homme désagréable à fréquenter.

He did not know Manuel was a bad man to be around.

Manuel, qui aidait au jardin, avait un problème grave.

Manuel, who helped in the garden, had a deep problem.

Manuel était accro aux jeux de loterie chinois.

Manuel was addicted to gambling in the Chinese lottery.

Il croyait également fermement en un système fixe pour gagner.

He also believed strongly in a fixed system for winning.

Cette croyance rendait son échec certain et inévitable.

That belief made his failure certain and unavoidable.

Jouer un système exige de l'argent, ce qui manquait à Manuel.

Playing a system demands money, which Manuel lacked.

Son salaire suffisait à peine à subvenir aux besoins de sa femme et de ses nombreux enfants.

His pay barely supported his wife and many children.

La nuit où Manuel a trahi Buck, les choses étaient normales.

On the night Manuel betrayed Buck, things were normal.

Le juge était présent à une réunion de l'Association des producteurs de raisins secs.

The Judge was at a Raisin Growers' Association meeting.

Les fils du juge étaient alors occupés à former un club d'athlétisme.

The Judge's sons were busy forming an athletic club then.

Personne n'a vu Manuel et Buck sortir par le verger.

No one saw Manuel and Buck leaving through the orchard.

Buck pensait que cette promenade n'était qu'une simple promenade nocturne.

Buck thought this walk was just a simple nighttime stroll.

Ils n'ont rencontré qu'un seul homme à la station du drapeau, à College Park.

They met only one man at the flag station, in College Park.

Cet homme a parlé à Manuel et ils ont échangé de l'argent.

That man spoke to Manuel, and they exchanged money.

« Emballez les marchandises avant de les livrer », a-t-il suggéré.

"Wrap up the goods before you deliver them," he suggested.

La voix de l'homme était rauque et impatiente lorsqu'il parlait.

The man's voice was rough and impatient as he spoke.

Manuel a soigneusement attaché une corde épaisse autour du cou de Buck.

Manuel carefully tied a thick rope around Buck's neck.

« Tournez la corde et vous l'étoufferez abondamment »

"Twist the rope, and you'll choke him plenty"

L'étranger émit un grognement, montrant qu'il comprenait bien.

The stranger gave a grunt, showing he understood well.

Buck a accepté la corde avec calme et dignité tranquille ce jour-là.

Buck accepted the rope with calm and quiet dignity that day.

C'était un acte inhabituel, mais Buck faisait confiance aux hommes qu'il connaissait.

It was an unusual act, but Buck trusted the men he knew.

Il croyait que leur sagesse allait bien au-delà de sa propre pensée.

He believed their wisdom went far beyond his own thinking.

Mais ensuite la corde fut remise entre les mains de l'étranger.

But then the rope was handed to the hands of the stranger.

Buck émit un grognement sourd qui avertissait avec une menace silencieuse.

Buck gave a low growl that warned with quiet menace.

Il était fier et autoritaire, et voulait montrer son mécontentement.

He was proud and commanding, and meant to show his displeasure.

Buck pensait que son avertissement serait compris comme un ordre.

Buck believed his warning would be understood as an order.

À sa grande surprise, la corde se resserra rapidement autour de son cou épais.

To his shock, the rope tightened fast around his thick neck.

Son air fut coupé et il commença à se battre dans une rage soudaine.

His air was cut off and he began to fight in a sudden rage.

Il s'est jeté sur l'homme, qui a rapidement rencontré Buck en plein vol.

He sprang at the man, who quickly met Buck in mid-air.

L'homme attrapa Buck par la gorge et le fit habilement tourner dans les airs.

The man grabbed Buck's throat and skillfully twisted him in the air.

Buck a été violemment projeté au sol, atterrissant à plat sur le dos.

Buck was thrown down hard, landing flat on his back.

La corde l'étranglait alors cruellement tandis qu'il donnait des coups de pied sauvages.

The rope now choked him cruelly while he kicked wildly.

Sa langue tomba, sa poitrine se souleva, mais il ne reprit pas son souffle.

His tongue fell out, his chest heaved, but gained no breath.

Il n'avait jamais été traité avec une telle violence de sa vie.

He had never been treated with such violence in his life.

Il n'avait jamais été rempli d'une fureur aussi profonde auparavant.

He had also never been filled with such deep fury before.

Mais le pouvoir de Buck s'est estompé et ses yeux sont devenus vitreux.

But Buck's power faded, and his eyes turned glassy.

Il s'est évanoui juste au moment où un train s'arrêtait à proximité.

He passed out just as a train was flagged down nearby.

Les deux hommes le jetèrent alors rapidement dans le fourgon à bagages.

Then the two men tossed him into the baggage car quickly.

La chose suivante que Buck ressentit fut une douleur dans sa langue enflée.

The next thing Buck felt was pain in his swollen tongue.

Il se déplaçait dans un chariot tremblant, à peine conscient.

He was moving in a shaking cart, only dimly conscious.

Le cri aigu d'un sifflet de train indiqua à Buck où il se trouvait.

The sharp scream of a train whistle told Buck his location.

Il avait souvent roulé avec le juge et connaissait ce sentiment.

He had often ridden with the Judge and knew the feeling.

C'était le choc unique de voyager à nouveau dans un fourgon à bagages.

It was the unique jolt of traveling in a baggage car again.

Buck ouvrit les yeux et son regard brûla de rage.

Buck opened his eyes, and his gaze burned with rage.

C'était la colère d'un roi fier déchu de son trône.

This was the anger of a proud king taken from his throne.

Un homme a tenté de l'attraper, mais Buck a frappé en premier.

A man reached to grab him, but Buck struck first instead.

Il enfonça ses dents dans la main de l'homme et la serra fermement.

He sank his teeth into the man's hand and held tightly.

Il ne l'a pas lâché jusqu'à ce qu'il s'évanouisse une deuxième fois.

He did not let go until he blacked out a second time.

« Ouais, il a des crises », murmura l'homme au bagagiste.

"Yep, has fits," the man muttered to the baggageman.

Le bagagiste avait entendu la lutte et s'était approché.

The baggageman had heard the struggle and come near.

« Je l'emmène à Frisco pour le patron », a expliqué l'homme.

"I'm taking him to 'Frisco for the boss," the man explained.

« Il y a un excellent vétérinaire qui dit pouvoir les guérir. »

"There's a fine dog-doctor there who says he can cure them."

Plus tard dans la soirée, l'homme a donné son propre récit complet.

Later that night the man gave his own full account.

Il parlait depuis un hangar derrière un saloon sur les quais.

He spoke from a shed behind a saloon on the docks.

« Tout ce qu'on m'a donné, c'était cinquante dollars », se plaignit-il au vendeur du saloon.

"All I was given was fifty dollars," he complained to the saloon man.

« Je ne le referais pas, même pour mille dollars en espèces. »

"I wouldn't do it again, not even for a thousand in cold cash."

Sa main droite était étroitement enveloppée dans un tissu ensanglanté.

His right hand was tightly wrapped in a bloody cloth.

Son pantalon était déchiré du genou au pied.

His trouser leg was torn wide open from knee to foot.

« Combien a été payé l'autre idiot ? » demanda le vendeur du saloon.

"How much did the other mug get paid?" asked the saloon man.

« Cent », répondit l'homme, « il n'accepterait pas un centime de moins. »

"A hundred," the man replied, "he wouldn't take a cent less."

« Cela fait cent cinquante », dit le vendeur du saloon.

"That comes to a hundred and fifty," the saloon man said.

« Et il vaut tout ça, sinon je ne suis pas meilleur qu'un imbécile. »

"And he's worth it all, or I'm no better than a blockhead."

L'homme ouvrit les emballages pour examiner sa main.

The man opened the wrappings to examine his hand.

La main était gravement déchirée et couverte de sang séché.

The hand was badly torn and crusted in dried blood.

« Si je n'ai pas l' hydrophobie… » commença-t-il à dire.

"If I don't get the hydrophobia…" he began to say.

« Ce sera parce que tu es né pour être pendu », dit-il en riant.

"It'll be because you were born to hang," came a laugh.

« Viens m'aider avant de partir », lui a-t-on demandé.

"Come help me out before you get going," he was asked.

Buck était dans un état second à cause de la douleur dans sa langue et sa gorge.

Buck was in a daze from the pain in his tongue and throat.

Il était à moitié étranglé et pouvait à peine se tenir debout.

He was half-strangled, and could barely stand upright.

Pourtant, Buck essayait de faire face aux hommes qui l'avaient blessé ainsi.

Still, Buck tried to face the men who had hurt him so.

Mais ils le jetèrent à terre et l'étranglèrent une fois de plus.

But they threw him down and choked him once again.

Ce n'est qu'à ce moment-là qu'ils ont pu scier son lourd collier de laiton.

Only then could they saw off his heavy brass collar.

Ils ont retiré la corde et l'ont poussé dans une caisse.

They removed the rope and shoved him into a crate.

La caisse était petite et avait la forme d'une cage en fer brut.

The crate was small and shaped like a rough iron cage.

Buck resta allongé là toute la nuit, rempli de colère et d'orgueil blessé.

Buck lay there all night, filled with wrath and wounded pride.

Il ne pouvait pas commencer à comprendre ce qui lui arrivait.

He could not begin to understand what was happening to him.

Pourquoi ces hommes étranges le gardaient-ils dans cette petite caisse ?

Why were these strange men keeping him in this small crate?

Que voulaient-ils de lui et pourquoi cette cruelle captivité ?

What did they want with him, and why this cruel captivity?

Il ressentait une pression sombre, un sentiment de catastrophe qui se rapprochait.

He felt a dark pressure; a sense of disaster drawing closer.

C'était une peur vague, mais elle pesait lourdement sur son esprit.

It was a vague fear, but it settled heavily on his spirit.

Il a sursauté à plusieurs reprises lorsque la porte du hangar a claqué.

Several times he jumped up when the shed door rattled.

Il s'attendait à ce que le juge ou les garçons apparaissent et le sauvent.

He expected the Judge or the boys to appear and rescue him.

Mais à chaque fois, seul le gros visage du tenancier de bar apparaissait à l'intérieur.

But only the saloon-keeper's fat face peeked inside each time.

Le visage de l'homme était éclairé par la faible lueur d'une bougie de suif.

The man's face was lit by the dim glow of a tallow candle.

À chaque fois, l'aboiement joyeux de Buck se transformait en un grognement bas et colérique.

Each time, Buck's joyful bark changed to a low, angry growl.

Le tenancier du saloon l'a laissé seul pour la nuit dans la caisse

The saloon-keeper left him alone for the night in the crate

Mais quand il se réveilla le matin, d'autres hommes arrivèrent.

But when he awoke in the morning more men were coming.

Quatre hommes sont venus et ont ramassé la caisse avec précaution, sans un mot.

Four men came and gingerly picked up the crate without a word.

Buck comprit immédiatement dans quelle situation il se trouvait.

Buck knew at once the situation he found himself in.

Ils étaient d'autres bourreaux qu'il devait combattre et craindre.

They were further tormentors that he had to fight and fear.

Ces hommes avaient l'air méchants, en haillons et très mal soignés.

These men looked wicked, ragged, and very badly groomed.

Buck grogna et se jeta férocement sur eux à travers les barreaux.

Buck snarled and lunged at them fiercely through the bars.

Ils se sont contentés de rire et de le frapper avec de longs bâtons en bois.

They just laughed and jabbed at him with long wooden sticks.

Buck a mordu les bâtons, puis s'est rendu compte que c'était ce qu'ils aimaient.

Buck bit at the sticks, then realized that was what they liked.

Il s'allongea donc tranquillement, maussade et brûlant d'une rage silencieuse.

So he lay down quietly, sullen and burning with quiet rage.

Ils ont soulevé la caisse dans un chariot et sont partis avec lui.

They lifted the crate into a wagon and drove away with him.

La caisse, avec Buck enfermé à l'intérieur, changeait souvent de mains.

The crate, with Buck locked inside, changed hands often.

Les employés du bureau express ont pris les choses en main et l'ont traité brièvement.

Express office clerks took charge and handled him briefly.

Puis un autre chariot transporta Buck à travers la ville bruyante.

Then another wagon carried Buck across the noisy town.

Un camion l'a emmené avec des cartons et des colis sur un ferry.

A truck took him with boxes and parcels onto a ferry boat.

Après la traversée, le camion l'a déchargé dans un dépôt ferroviaire.

After crossing, the truck unloaded him at a rail depot.

Finalement, Buck fut placé dans une voiture express en attente.

At last, Buck was placed inside a waiting express car.

Pendant deux jours et deux nuits, les trains ont emporté la voiture express.

For two days and nights, trains pulled the express car away.

Buck n'a ni mangé ni bu pendant tout le douloureux voyage.

Buck neither ate nor drank during the whole painful journey.

Lorsque les messagers express ont essayé de l'approcher, il a grogné.

When the express messengers tried to approach him, he growled.

Ils ont réagi en se moquant de lui et en le taquinant cruellement.

They responded by mocking him and teasing him cruelly.

Buck se jeta sur les barreaux, écumant et tremblant

Buck threw himself at the bars, foaming and shaking

ils ont ri bruyamment et l'ont raillé comme des brutes de cour d'école.

they laughed loudly, and taunted him like schoolyard bullies.

Ils aboyaient comme de faux chiens et battaient des bras.

They barked like fake dogs and flapped their arms.

Ils ont même chanté comme des coqs juste pour le contrarier davantage.

They even crowed like roosters just to upset him more.

C'était un comportement stupide, et Buck savait que c'était ridicule.

It was foolish behavior, and Buck knew it was ridiculous.

Mais cela n'a fait qu'approfondir son sentiment d'indignation et de honte.

But that only deepened his sense of outrage and shame.

Il n'a pas été trop dérangé par la faim pendant le voyage.

He was not bothered much by hunger during the trip.

Mais la soif provoquait une douleur aiguë et une souffrance insupportable.

But thirst brought sharp pain and unbearable suffering.

Sa gorge sèche et enflammée et sa langue brûlaient de chaleur.

His dry, inflamed throat and tongue burned with heat.

Cette douleur alimentait la fièvre qui montait dans son corps fier.

This pain fed the fever rising within his proud body.

Buck était reconnaissant pour une seule chose au cours de ce procès.

Buck was thankful for one single thing during this trial.

La corde avait été retirée de son cou épais.

The rope had been removed from around his thick neck.

La corde avait donné à ces hommes un avantage injuste et cruel.

The rope had given those men an unfair and cruel advantage.

Maintenant, la corde avait disparu et Buck jura qu'elle ne reviendrait jamais.

Now the rope was gone, and Buck swore it would never return.

Il a décidé qu'aucune corde ne passerait plus jamais autour de son cou.

He resolved no rope would ever go around his neck again.

Pendant deux longs jours et deux longues nuits, il souffrit sans nourriture.

For two long days and nights, he suffered without food.

Et pendant ces heures, il a développé une énorme rage en lui.

And in those hours, he built up an enormous rage inside.

Ses yeux sont devenus injectés de sang et sauvages à cause d'une colère constante.

His eyes turned bloodshot and wild from constant anger.

Il n'était plus Buck, mais un démon aux mâchoires claquantes.

He was no longer Buck, but a demon with snapping jaws.

Même le juge n'aurait pas reconnu cette créature folle.

Even the Judge would not have known this mad creature.

Les messagers express ont soupiré de soulagement lorsqu'ils ont atteint Seattle

The express messengers sighed in relief when they reached Seattle

Quatre hommes ont soulevé la caisse et l'ont amenée dans une cour arrière.

Four men lifted the crate and brought it to a back yard.

La cour était petite, entourée de murs hauts et solides.

The yard was small, surrounded by high and solid walls.

Un grand homme sortit, vêtu d'un pull rouge affaissé.

A big man stepped out in a sagging red sweater shirt.

Il a signé le carnet de livraison d'une écriture épaisse et audacieuse.

He signed the delivery book with a thick and bold hand.

Buck sentit immédiatement que cet homme était son prochain bourreau.

Buck sensed at once that this man was his next tormentor.

Il se jeta violemment sur les barreaux, les yeux rouges de fureur.

He lunged violently at the bars, eyes red with fury.

L'homme sourit simplement sombrement et alla chercher une hachette.

The man just smiled darkly and went to fetch a hatchet.

Il portait également une massue dans sa main droite épaisse et forte.

He also brought a club in his thick and strong right hand.

« Tu vas le sortir maintenant ? » demanda le chauffeur, inquiet.

"You going to take him out now?" the driver asked, concerned.

« Bien sûr », dit l'homme en enfonçant la hachette dans la caisse comme levier.

"Sure," said the man, jamming the hatchet into the crate as a lever.

Les quatre hommes se dispersèrent instantanément et sautèrent sur le mur de la cour.

The four men scattered instantly, jumping up onto the yard wall.

Depuis leurs endroits sûrs, ils attendaient d'assister au spectacle.

From their safe spots above, they waited to watch the spectacle.

Buck se jeta sur le bois éclaté, le mordant et le secouant violemment.

Buck lunged at the splintered wood, biting and shaking fiercely.

Chaque fois que la hachette touchait la cage, Buck était là pour l'attaquer.

Each time the hatchet hit the cage), Buck was there to attack it.

Il grogna et claqua des dents avec une rage folle, impatient d'être libéré.

He growled and snapped with wild rage, eager to be set free.

L'homme dehors était calme et stable, concentré sur sa tâche.

The man outside was calm and steady, intent on his task.

« Bon, alors, espèce de diable aux yeux rouges », dit-il lorsque le trou fut grand.

"Right then, you red-eyed devil," he said when the hole was large.

Il laissa tomber la hachette et prit le gourdin dans sa main droite.

He dropped the hatchet and took the club in his right hand.

Buck ressemblait vraiment à un diable ; les yeux injectés de sang et flamboyants.

Buck truly looked like a devil; eyes bloodshot and blazing.

Son pelage se hérissait, de la mousse s'échappait de sa bouche, ses yeux brillaient.

His coat bristled, foam frothed at his mouth, eyes glinting.

Il rassembla ses muscles et se jeta directement sur le pull rouge.

He bunched his muscles and sprang straight at the red sweater.

Cent quarante livres de fureur s'abattèrent sur l'homme calme.

One hundred and forty pounds of fury flew at the calm man.

Juste avant que ses mâchoires ne se referment, un coup terrible le frappa.

Just before his jaws clamped shut, a terrible blow struck him.

Ses dents claquèrent l'une contre l'autre, rien d'autre que l'air

His teeth snapped together on nothing but air

une secousse de douleur résonna dans son corps

a jolt of pain reverberated through his body

Il a fait un saut périlleux en plein vol et s'est écrasé sur le dos et sur le côté.

He flipped midair and crashed down on his back and side.

Il n'avait jamais ressenti auparavant le coup d'un gourdin et ne pouvait pas le saisir.

He had never before felt a club's blow and could not grasp it.

Avec un grognement strident, mi-aboiement, mi-cri, il bondit à nouveau.

With a shrieking snarl, part bark, part scream, he leaped again.

Un autre coup brutal le frappa et le projeta au sol.

Another brutal strike hit him and hurled him to the ground.

Cette fois, Buck comprit : c'était la lourde massue de l'homme.

This time Buck understood—it was the man's heavy club.

Mais la rage l'aveuglait, et il n'avait aucune idée de retraite.

But rage blinded him, and he had no thought of retreat.

Douze fois il s'est lancé et douze fois il est tombé.

Twelve times he launched himself, and twelve times he fell.

Le gourdin en bois le frappait à chaque fois avec une force impitoyable et écrasante.

The wooden club smashed him each time with ruthless, crushing force.

Après un coup violent, il se releva en titubant, étourdi et lent.

After one fierce blow, he staggered to his feet, dazed and slow.

Du sang coulait de sa bouche, de son nez et même de ses oreilles.

Blood ran from his mouth, his nose, and even his ears.

Son pelage autrefois magnifique était maculé de mousse sanglante.

His once-beautiful coat was smeared with bloody foam.

Alors l'homme s'est avancé et a donné un coup violent au nez.

Then the man stepped up and struck a wicked blow to the nose.

L'agonie était plus vive que tout ce que Buck avait jamais ressenti.

The agony was sharper than anything Buck had ever felt.

Avec un rugissement plus bête que chien, il bondit à nouveau pour attaquer.

With a roar more beast than dog, he leaped again to attack.

Mais l'homme attrapa sa mâchoire inférieure et la tourna vers l'arrière.

But the man caught his lower jaw and twisted it backward.

Buck fit un saut périlleux et s'écrasa à nouveau violemment.

Buck flipped head over heels, crashing down hard again.

Une dernière fois, Buck se précipita sur lui, maintenant à peine capable de se tenir debout.

One final time, Buck charged at him, now barely able to stand.

L'homme a frappé avec un timing expert, délivrant le coup final.

The man struck with expert timing, delivering the final blow.

Buck s'est effondré, inconscient et immobile.

Buck collapsed in a heap, unconscious and unmoving.

« Il n'est pas mauvais pour dresser les chiens, c'est ce que je dis », a crié un homme.

"He's no slouch at dog-breaking, that's what I say," a man yelled.

« Druther peut briser la volonté d'un chien n'importe quel jour de la semaine. »

"Druther can break the will of a hound any day of the week."

« Et deux fois un dimanche ! » a ajouté le chauffeur.

"And twice on a Sunday!" added the driver.

Il monta dans le chariot et fit claquer les rênes pour partir.

He climbed into the wagon and cracked the reins to leave.

Buck a lentement repris le contrôle de sa conscience
Buck slowly regained control of his consciousness
mais son corps était encore trop faible et brisé pour bouger.
but his body was still too weak and broken to move.
Il resta allongé là où il était tombé, regardant l'homme au pull rouge.
He lay where he had fallen, watching the red-sweatered man.
« Il répond au nom de Buck », dit l'homme en lisant à haute voix.
"He answers to the name of Buck," the man said, reading aloud.
Il a cité la note envoyée avec la caisse de Buck et les détails.
He quoted from the note sent with Buck's crate and details.
« Eh bien, Buck, mon garçon », continua l'homme d'un ton amical,
"Well, Buck, my boy," the man continued with a friendly tone,
« Nous avons eu notre petite dispute, et maintenant c'est fini entre nous. »
"we've had our little fight, and now it's over between us."
« Tu as appris à connaître ta place, et j'ai appris à connaître la mienne », a-t-il ajouté.
"You've learned your place, and I've learned mine," he added.
« Sois sage, tout ira bien et la vie sera agréable. »
"Be good, and all will go well, and life will be pleasant."
« Mais sois méchant, et je te botterai les fesses, compris ? »
"But be bad, and I'll beat the stuffing out of you, understand?"
Tandis qu'il parlait, il tendit la main et tapota la tête douloureuse de Buck.
As he spoke, he reached out and patted Buck's sore head.
Les cheveux de Buck se dressèrent au contact de l'homme, mais il ne résista pas.
Buck's hair rose at the man's touch, but he didn't resist.
L'homme lui apporta de l'eau, que Buck but à grandes gorgées.
The man brought him water, which Buck drank in great gulps.
Puis vint la viande crue, que Buck dévora morceau par morceau.

Then came raw meat, which Buck devoured chunk by chunk.

Il savait qu'il était battu, mais il savait aussi qu'il n'était pas brisé.

He knew he was beaten, but he also knew he wasn't broken.

Il n'avait aucune chance contre un homme armé d'une matraque.

He had no chance against a man armed with a club.

Il avait appris la vérité et il n'a jamais oublié cette leçon.

He had learned the truth, and he never forgot that lesson.

Cette arme était le début de la loi dans le nouveau monde de Buck.

That weapon was the beginning of law in Buck's new world.

C'était le début d'un ordre dur et primitif qu'il ne pouvait nier.

It was the start of a harsh, primitive order he could not deny.

Il accepta la vérité ; ses instincts sauvages étaient désormais éveillés.

He accepted the truth; his wild instincts were now awake.

Le monde était devenu plus dur, mais Buck l'a affronté avec courage.

The world had grown harsher, but Buck faced it bravely.

Il a affronté la vie avec une prudence, une ruse et une force tranquille nouvelles.

He met life with new caution, cunning, and quiet strength.

D'autres chiens sont arrivés, attachés dans des cordes ou des caisses comme Buck l'avait été.

More dogs arrived, tied in ropes or crates like Buck had been.

Certains chiens sont venus calmement, d'autres ont fait rage et se sont battus comme des bêtes sauvages.

Some dogs came calmly, others raged and fought like wild beasts.

Ils furent tous soumis au règne de l'homme au pull rouge.

All of them were brought under the rule of the red-sweatered man.

À chaque fois, Buck regardait et voyait la même leçon se dérouler.

Each time, Buck watched and saw the same lesson unfold.

L'homme avec la massue était la loi, un maître à obéir.

The man with the club was law; a master to be obeyed.

Il n'avait pas besoin d'être aimé, mais il fallait qu'on lui obéisse.

He did not need to be liked, but he had to be obeyed.

Buck ne s'est jamais montré flatteur ni n'a remué la queue comme le faisaient les chiens plus faibles.

Buck never fawned or wagged like the weaker dogs did.

Il a vu des chiens qui avaient été battus et qui continuaient à lécher la main de l'homme.

He saw dogs that were beaten and still licked the man's hand.

Il a vu un chien qui refusait d'obéir ou de se soumettre du tout.

He saw one dog who would not obey or submit at all.

Ce chien s'est battu jusqu'à ce qu'il soit tué dans la bataille pour le contrôle.

That dog fought until he was killed in the battle for control.

Des étrangers venaient parfois voir l'homme au pull rouge.

Strangers would sometimes come to see the red-sweatered man.

Ils parlaient sur un ton étrange, suppliant, marchandant et riant.

They spoke in strange tones, pleading, bargaining, and laughing.

Lors de l'échange d'argent, ils partaient avec un ou plusieurs chiens.

When money was exchanged, they left with one or more dogs.

Buck se demandait où étaient passés ces chiens, car aucun n'était jamais revenu.

Buck wondered where these dogs went, for none ever returned.

la peur de l'inconnu envahissait Buck chaque fois qu'un homme étrange venait

fear of the unknown filled Buck every time a strange man came

il était content à chaque fois qu'un autre chien était pris, plutôt que lui-même.

he was glad each time another dog was taken, rather than himself.

Mais finalement, le tour de Buck arriva avec l'arrivée d'un homme étrange.

But finally, Buck's turn came with the arrival of a strange man.

Il était petit, nerveux, parlait un anglais approximatif et jurait.

He was small, wiry, and spoke in broken English and curses.

« Sacré-Dam ! » hurla-t-il en posant les yeux sur le corps de Buck.

"Sacredam!" he yelled when he laid eyes on Buck's frame.

« C'est un sacré chien tyrannique ! Hein ? Combien ? » demanda-t-il à voix haute.

"That's one damn bully dog! Eh? How much?" he asked aloud.

« Trois cents, et c'est un cadeau à ce prix-là. »

"Three hundred, and he's a present at that price,"

« Puisque c'est de l'argent du gouvernement, tu ne devrais pas te plaindre, Perrault. »

"Since it's government money, you shouldn't complain, Perrault."

Perrault sourit à l'idée de l'accord qu'il venait de conclure avec cet homme.

Perrault grinned at the deal he had just made with the man.

Le prix des chiens a grimpé en flèche en raison de la demande soudaine.

The price of dogs had soared due to the sudden demand.

Trois cents dollars, ce n'était pas injuste pour une si belle bête.

Three hundred dollars wasn't unfair for such a fine beast.

Le gouvernement canadien ne perdrait rien dans cet accord

The Canadian Government would not lose anything in the deal

Leurs dépêches officielles ne seraient pas non plus retardées en transit.

Nor would their official dispatches be delayed in transit.

Perrault connaissait bien les chiens et pouvait voir que Buck était quelque chose de rare.

Perrault knew dogs well, and could see Buck was something rare.

« Un sur dix dix mille », pensa-t-il en étudiant la silhouette de Buck.

"One in ten ten-thousand," he thought, as he studied Buck's build.

Buck a vu l'argent changer de mains, mais n'a montré aucune surprise.

Buck saw the money change hands, but showed no surprise.

Bientôt, lui et Curly, un gentil Terre-Neuve, furent emmenés.

Soon he and Curly, a gentle Newfoundland, were led away.

Ils suivirent le petit homme depuis la cour du pull rouge.

They followed the little man from the red sweater's yard.

Ce fut la dernière fois que Buck vit l'homme avec la massue en bois.

That was the last Buck ever saw of the man with the wooden club.

Depuis le pont du Narval, il regardait Seattle disparaître au loin.

From the Narwhal's deck he watched Seattle fade into the distance.

C'était aussi la dernière fois qu'il voyait le chaud Southland.

It was also the last time he ever saw the warm Southland.

Perrault les emmena sous le pont et les laissa à François.

Perrault took them below deck, and left them with François.

François était un géant au visage noir, aux mains rugueuses et calleuses.

François was a black-faced giant with rough, calloused hands.

Il était brun et basané; un métis franco-canadien.

He was dark and swarthy; a half-breed French-Canadian.

Pour Buck, ces hommes étaient d'un genre qu'il n'avait jamais vu auparavant.

To Buck, these men were of a kind he had never seen before.

Il allait connaître beaucoup d'autres hommes de ce genre dans les jours qui suivirent.

He would come to know many such men in the days ahead.

Il ne s'est pas attaché à eux, mais il a appris à les respecter.

He did not grow fond of them, but he came to respect them.

Ils étaient justes et sages, et ne se laissaient pas facilement tromper par un chien.

They were fair and wise, and not easily fooled by any dog.

Ils jugeaient les chiens avec calme et ne les punissaient que lorsqu'ils le méritaient.

They judged dogs calmly, and punished only when deserved.

Sur le pont inférieur du Narwhal, Buck et Curly ont rencontré deux chiens.

In the Narwhal's lower deck, Buck and Curly met two dogs.

L'un d'eux était un grand chien blanc venu du lointain et glacial Spitzberg.

One was a large white dog from far-off, icy Spitzbergen.

Il avait autrefois navigué avec un baleinier et rejoint un groupe d'enquête.

He'd once sailed with a whaler and joined a survey group.

Il était amical d'une manière sournoise, sournoise et rusée.

He was friendly in a sly, underhanded and crafty fashion.

Lors de leur premier repas, il a volé un morceau de viande dans la poêle de Buck.

At their first meal, he stole a piece of meat from Buck's pan.

Buck sauta pour le punir, mais le fouet de François frappa en premier.

Buck jumped to punish him, but François's whip struck first.

Le voleur blanc hurla et Buck récupéra l'os volé.

The white thief yelped, and Buck reclaimed the stolen bone.

Cette équité impressionna Buck, et François gagna son respect.

That fairness impressed Buck, and François earned his respect.

L'autre chien ne lui a pas adressé de salut et n'en a pas voulu en retour.

The other dog gave no greeting, and wanted none in return.

Il ne volait pas de nourriture et ne reniflait pas les nouveaux arrivants avec intérêt.

He didn't steal food, nor sniff at the new arrivals with interest.

Ce chien était sinistre et calme, sombre et lent.

This dog was grim and quiet, gloomy and slow-moving.

Il a averti Curly de rester à l'écart en la regardant simplement.

He warned Curly to stay away by simply glaring at her.

Son message était clair : laissez-moi tranquille ou il y aura des problèmes.

His message was clear; leave me alone or there'll be trouble.

Il s'appelait Dave et il remarquait à peine son environnement.

He was called Dave, and he barely noticed his surroundings.

Il dormait souvent, mangeait tranquillement et bâillait de temps en temps.

He slept often, ate quietly, and yawned now and again.

Le navire ronronnait constamment avec le battement de l'hélice en dessous.

The ship hummed constantly with the beating propeller below.

Les jours passèrent sans grand changement, mais le temps devint plus froid.

Days passed with little change, but the weather got colder.

Buck pouvait le sentir dans ses os et remarqua que les autres le faisaient aussi.

Buck could feel it in his bones, and noticed the others did too.

Puis un matin, l'hélice s'est arrêtée et tout est redevenu calme.

Then one morning, the propeller stopped and all was still.

Une énergie parcourut le vaisseau ; quelque chose avait changé.

An energy swept through the ship; something had changed.

François est descendu, les a attachés en laisse et les a remontés.

François came down, clipped them on leashes, and brought them up.

Buck sortit et trouva le sol doux, blanc et froid.

Buck stepped out and found the ground soft, white, and cold.

Il sursauta en arrière, alarmé, et renifla, totalement confus.

He jumped back in alarm and snorted in total confusion.

Une étrange substance blanche tombait du ciel gris.

Strange white stuff was falling from the gray sky.

Il se secoua, mais les flocons blancs continuaient à atterrir sur lui.

He shook himself, but the white flakes kept landing on him.

Il renifla soigneusement la substance blanche et lécha quelques morceaux glacés.

He sniffed the white stuff carefully and licked at a few icy bits.

La poudre brûla comme du feu, puis disparut de sa langue.

The powder burned like fire, then vanished right off his tongue.

Buck essaya à nouveau, intrigué par l'étrange froideur qui disparaissait.

Buck tried again, puzzled by the odd vanishing coldness.

Les hommes autour de lui rirent et Buck se sentit gêné.

The men around him laughed, and Buck felt embarrassed.

Il ne savait pas pourquoi, mais il avait honte de sa réaction.

He didn't know why, but he was ashamed of his reaction.

C'était sa première expérience avec la neige, et cela le dérouta.

It was his first experience with snow, and it confused him.

La loi du club et des crocs
The Law of Club and Fang

Le premier jour de Buck sur la plage de Dyea ressemblait à un terrible cauchemar.
Buck's first day on the Dyea beach felt like a terrible nightmare.

Chaque heure apportait de nouveaux chocs et des changements inattendus pour Buck.
Each hour brought new shocks and unexpected changes for Buck.

Il avait été arraché à la civilisation et jeté dans un chaos sauvage.
He had been pulled from civilization and thrown into wild chaos.

Ce n'était pas une vie ensoleillée et paresseuse, faite d'ennui et de repos.
This was no sunny, lazy life with boredom and rest.

Il n'y avait pas de paix, pas de repos, et pas un instant sans danger.
There was no peace, no rest, and no moment without danger.

La confusion régnait sur tout et le danger était toujours proche.
Confusion ruled everything, and danger was always close.

Buck devait rester vigilant car ces hommes et ces chiens étaient différents.
Buck had to stay alert because these men and dogs were different.

Ils n'étaient pas originaires des villes ; ils étaient sauvages et sans pitié.
They were not from towns; they were wild and without mercy.

Ces hommes et ces chiens ne connaissaient que la loi du gourdin et des crocs.
These men and dogs only knew the law of club and fang.

Buck n'avait jamais vu de chiens se battre comme ces huskies sauvages.

Buck had never seen dogs fight like these savage huskies.

Sa première expérience lui a appris une leçon qu'il n'oublierait jamais.

His first experience taught him a lesson he would never forget.

Il a eu de la chance que ce ne soit pas lui, sinon il serait mort aussi.

He was lucky it was not him, or he would have died too.

Curly était celui qui souffrait tandis que Buck regardait et apprenait.

Curly was the one who suffered while Buck watched and learned.

Ils avaient installé leur campement près d'un magasin construit en rondins.

They had made camp near a store built from logs.

Curly a essayé d'être amical avec un grand husky ressemblant à un loup.

Curly tried to be friendly to a large, wolf-like husky.

Le husky était plus petit que Curly, mais avait l'air sauvage et méchant.

The husky was smaller than Curly, but looked wild and mean.

Sans prévenir, il a sauté et lui a ouvert le visage.

Without warning, he jumped and slashed her face open.

Ses dents lui coupèrent l'œil jusqu'à sa mâchoire en un seul mouvement.

His teeth cut from her eye down to her jaw in one move.

C'est ainsi que les loups se battaient : ils frappaient vite et sautaient loin.

This was how wolves fought—hit fast and jump away.

Mais il y avait plus à apprendre que de cette seule attaque.

But there was more to learn than from that one attack.

Des dizaines de huskies se sont précipités et ont formé un cercle silencieux.

Dozens of huskies rushed in and made a silent circle.

Ils regardaient attentivement et se léchaient les lèvres avec faim.

They watched closely and licked their lips with hunger.

Buck ne comprenait pas leur silence ni leurs regards avides.

Buck didn't understand their silence or their eager eyes.

Curly s'est précipité pour attaquer le husky une deuxième fois.

Curly rushed to attack the husky a second time.

Il a utilisé sa poitrine pour la renverser avec un mouvement puissant.

He used his chest to knock her over with a strong move.

Elle est tombée sur le côté et n'a pas pu se relever.

She fell on her side and could not get back up.

C'est ce que les autres attendaient depuis le début.

That was what the others had been waiting for all along.

Les huskies ont sauté sur elle, hurlant et grognant avec frénésie.

The huskies jumped on her, yelping and snarling in a frenzy.

Elle a crié alors qu'ils l'enterraient sous un tas de chiens.

She screamed as they buried her under a pile of dogs.

L'attaque fut si rapide que Buck resta figé sur place sous le choc.

The attack was so fast that Buck froze in place with shock.

Il vit Spitz tirer la langue d'une manière qui ressemblait à un rire.

He saw Spitz stick out his tongue in a way that looked like a laugh.

François a attrapé une hache et a couru droit vers le groupe de chiens.

François grabbed an axe and ran straight into the group of dogs.

Trois autres hommes ont utilisé des gourdins pour aider à repousser les huskies.

Three other men used clubs to help beat the huskies away.

En seulement deux minutes, le combat était terminé et les chiens avaient disparu.

In just two minutes, the fight was over and the dogs were gone.

Curly gisait morte dans la neige rouge et piétinée, son corps déchiré.

Curly lay dead in the red, trampled snow, her body torn apart.

Un homme à la peau sombre se tenait au-dessus d'elle, maudissant la scène brutale.

A dark-skinned man stood over her, cursing the brutal scene.

Le souvenir est resté avec Buck et a hanté ses rêves la nuit.

The memory stayed with Buck and haunted his dreams at night.

C'était comme ça ici : pas d'équité, pas de seconde chance.

That was the way here; no fairness, no second chance.

Une fois qu'un chien tombait, les autres le tuaient sans pitié.

Once a dog fell, the others would kill without mercy.

Buck décida alors qu'il ne se permettrait jamais de tomber.

Buck decided then that he would never allow himself to fall.

Spitz tira à nouveau la langue et rit du sang.

Spitz stuck out his tongue again and laughed at the blood.

À partir de ce moment-là, Buck détesta Spitz de tout son cœur.

From that moment on, Buck hated Spitz with all his heart.

Avant que Buck ne puisse se remettre de la mort de Curly, quelque chose de nouveau s'est produit.

Before Buck could recover from Curly's death, something new happened.

François s'est approché et a attaché quelque chose autour du corps de Buck.

François came over and strapped something around Buck's body.

C'était un harnais comme ceux utilisés sur les chevaux du ranch.

It was a harness like the ones used on horses at the ranch.

Comme Buck avait vu les chevaux travailler, il devait maintenant travailler aussi.

As Buck had seen horses work, now he was made to work too.

Il a dû tirer François sur un traîneau dans la forêt voisine.

He had to pull François on a sled into the forest nearby.

Il a ensuite dû ramener une lourde charge de bois de chauffage.

Then he had to pull back a load of heavy firewood.

Buck était fier, donc cela lui faisait mal d'être traité comme un animal de travail.

Buck was proud, so it hurt him to be treated like a work animal.

Mais il était sage et n'a pas essayé de lutter contre la nouvelle situation.

But he was wise and didn't try to fight the new situation.

Il a accepté sa nouvelle vie et a donné le meilleur de lui-même dans chaque tâche.

He accepted his new life and gave his best in every task.

Tout ce qui concernait ce travail lui était étrange et inconnu.

Everything about the work was strange and unfamiliar to him.

François était strict et exigeait l'obéissance sans délai.

François was strict and demanded obedience without delay.

Son fouet garantissait que chaque ordre soit exécuté immédiatement.

His whip made sure that every command was followed at once.

Dave était le conducteur du traîneau, le chien le plus proche du traîneau derrière Buck.

Dave was the wheeler, the dog nearest the sled behind Buck.

Dave mordait Buck sur les pattes arrière s'il faisait une erreur.

Dave bit Buck on the back legs if he made a mistake.

Spitz était le chien de tête, compétent et expérimenté dans ce rôle.

Spitz was the lead dog, skilled and experienced in the role.

Spitz ne pouvait pas atteindre Buck facilement, mais il le corrigea quand même.

Spitz could not reach Buck easily, but still corrected him.

Il grognait durement ou tirait le traîneau d'une manière qui enseignait à Buck.

He growled harshly or pulled the sled in ways that taught Buck.

Grâce à cette formation, Buck a appris plus vite que ce qu'ils avaient imaginé.

Under this training, Buck learned faster than any of them expected.

Il a travaillé dur et a appris de François et des autres chiens.

He worked hard and learned from both François and the other dogs.

À leur retour, Buck connaissait déjà les commandes clés.

By the time they returned, Buck already knew the key commands.

Il a appris à s'arrêter au son « ho » de François.

He learned to stop at the sound of "ho" from François.

Il a appris quand il a dû tirer le traîneau et courir.

He learned when he had to pull the sled and run.

Il a appris à tourner largement dans les virages du sentier sans difficulté.

He learned to turn wide at bends in the trail without trouble.

Il a également appris à éviter Dave lorsque le traîneau descendait rapidement.

He also learned to avoid Dave when the sled went downhill fast.

« Ce sont de très bons chiens », dit fièrement François à Perrault.

"They're very good dogs," François proudly told Perrault.

« Ce Buck tire comme un dingue, je lui apprends vite fait. »

"That Buck pulls like hell—I teach him quick as anything."

Plus tard dans la journée, Perrault est revenu avec deux autres chiens husky.

Later that day, Perrault came back with two more husky dogs.

Ils s'appelaient Billee et Joe, et ils étaient frères.

Their names were Billee and Joe, and they were brothers.

Ils venaient de la même mère, mais ne se ressemblaient pas du tout.

They came from the same mother, but were not alike at all.

Billee était de nature douce et très amicale avec tout le monde.

Billee was sweet-natured and too friendly with everyone.

Joe était tout le contraire : calme, en colère et toujours en train de grogner.

Joe was the opposite—quiet, angry, and always snarling.

Buck les a accueillis de manière amicale et s'est montré calme avec eux deux.

Buck greeted them in a friendly way and was calm with both.

Dave ne leur prêta aucune attention et resta silencieux comme d'habitude.

Dave paid no attention to them and stayed silent as usual.

Spitz a attaqué d'abord Billee, puis Joe, pour montrer sa domination.

Spitz attacked first Billee, then Joe, to show his dominance.

Billee remua la queue et essaya d'être amical avec Spitz.

Billee wagged his tail and tried to be friendly to Spitz.

Lorsque cela n'a pas fonctionné, il a essayé de s'enfuir à la place.

When that didn't work, he tried to run away instead.

Il a pleuré tristement lorsque Spitz l'a mordu fort sur le côté.

He cried sadly when Spitz bit him hard on the side.

Mais Joe était très différent et refusait d'être intimidé.

But Joe was very different and refused to be bullied.

Chaque fois que Spitz s'approchait, Joe se retournait pour lui faire face rapidement.

Every time Spitz came near, Joe spun to face him fast.

Sa fourrure se hérissa, ses lèvres se retroussèrent et ses dents claquèrent sauvagement.

His fur bristled, his lips curled, and his teeth snapped wildly.

Les yeux de Joe brillaient de peur et de rage, défiant Spitz de frapper.

Joe's eyes gleamed with fear and rage, daring Spitz to strike.

Spitz abandonna le combat et se détourna, humilié et en colère.

Spitz gave up the fight and turned away, humiliated and angry.

Il a déversé sa frustration sur le pauvre Billee et l'a chassé.

He took out his frustration on poor Billee and chased him away.

Ce soir-là, Perrault ajouta un chien de plus à l'équipe.

That evening, Perrault added one more dog to the team.

Ce chien était vieux, maigre et couvert de cicatrices de guerre.

This dog was old, lean, and covered in battle scars.

L'un de ses yeux manquait, mais l'autre brillait de puissance.

One of his eyes was missing, but the other flashed with power.

Le nom du nouveau chien était Solleks, ce qui signifiait « celui qui est en colère ».

The new dog's name was Solleks, which meant the Angry One.

Comme Dave, Solleks ne demandait rien aux autres et ne donnait rien en retour.

Like Dave, Solleks asked nothing from others, and gave nothing back.

Lorsque Solleks entra lentement dans le camp, même Spitz resta à l'écart.

When Solleks walked slowly into camp, even Spitz stayed away.

Il avait une étrange habitude que Buck a eu la malchance de découvrir.

He had a strange habit that Buck was unlucky to discover.

Solleks détestait qu'on l'approche du côté où il était aveugle.

Solleks hated being approached on the side where he was blind.

Buck ne le savait pas et a fait cette erreur par accident.

Buck did not know this and made that mistake by accident.

Solleks se retourna et frappa l'épaule de Buck profondément et rapidement.

Solleks spun around and slashed Buck's shoulder deep and fast.

À partir de ce moment, Buck ne s'est plus jamais approché du côté aveugle de Solleks.

From that moment on, Buck never came near Solleks' blind side.

Ils n'ont plus jamais eu de problèmes pendant le reste de leur temps ensemble.

They never had trouble again for the rest of their time together.

Solleks voulait seulement être laissé seul, comme le calme Dave.

Solleks wanted only to be left alone, like quiet Dave.

Mais Buck apprendra plus tard qu'ils avaient chacun un autre objectif secret.

But Buck would later learn they each had another secret goal.

Cette nuit-là, Buck a dû faire face à un nouveau défi troublant : comment dormir.

That night Buck faced a new and troubling challenge—how to sleep.

La tente brillait chaleureusement à la lumière des bougies dans le champ enneigé.

The tent glowed warmly with candlelight in the snowy field.

Buck entra, pensant qu'il pourrait se reposer là comme avant.

Buck walked inside, thinking he could rest there like before.

Mais Perrault et François lui criaient dessus et lui jetaient des casseroles.

But Perrault and François yelled at him and threw pans.

Choqué et confus, Buck s'est enfui dans le froid glacial.

Shocked and confused, Buck ran out into the freezing cold.

Un vent glacial piquait son épaule blessée et lui gelait les pattes.

A bitter wind stung his wounded shoulder and froze his paws.

Il s'est allongé dans la neige et a essayé de dormir à la belle étoile.

He lay down in the snow and tried to sleep out in the open.

Mais le froid l'obligea bientôt à se relever, tremblant terriblement.

But the cold soon forced him to get back up, shaking badly.

Il erra dans le camp, essayant de trouver un endroit plus chaud.

He wandered through the camp, trying to find a warmer spot.

Mais chaque coin était aussi froid que le précédent.

But every corner was just as cold as the one before.

Parfois, des chiens sauvages sautaient sur lui dans l'obscurité.

Sometimes savage dogs jumped at him from the darkness.

Buck hérissa sa fourrure, montra ses dents et grogna en signe d'avertissement.

Buck bristled his fur, bared his teeth, and snarled with warning.

Il apprenait vite et les autres chiens reculaient rapidement.

He was learning fast, and the other dogs backed off quickly.

Il n'avait toujours pas d'endroit où dormir et ne savait pas quoi faire.

Still, he had no place to sleep, and no idea what to do.

Finalement, une pensée lui vint : aller voir ses coéquipiers.

At last, a thought came to him—check on his team-mates.

Il est retourné dans leur région et a été surpris de les trouver partis.

He returned to their area and was surprised to find them gone.

Il chercha à nouveau dans le camp, mais ne parvint toujours pas à les trouver.

Again he searched the camp, but still could not find them.

Il savait qu'ils ne pouvaient pas être dans la tente, sinon il le serait aussi.

He knew they could not be in the tent, or he would be too.

Alors, où étaient passés tous les chiens dans ce camp gelé ?

So where had all the dogs gone in this frozen camp?

Buck, froid et misérable, tournait lentement autour de la tente.

Buck, cold and miserable, slowly circled around the tent.

Soudain, ses pattes avant s'enfoncèrent dans la neige molle et le surprit.

Suddenly, his front legs sank into soft snow and startled him.

Quelque chose se tortilla sous ses pieds et il sursauta en arrière, effrayé.

Something wriggled under his feet, and he jumped back in fear.

Il grogna et grogna, ne sachant pas ce qui se cachait sous la neige.

He growled and snarled, not knowing what lay beneath the snow.

Puis il entendit un petit aboiement amical qui apaisa sa peur.

Then he heard a friendly little bark that eased his fear.

Il renifla l'air et s'approcha pour voir ce qui était caché.

He sniffed the air and came closer to see what was hidden.

Sous la neige, recroquevillée en boule chaude, se trouvait la petite Billee.

Under the snow, curled into a warm ball, was little Billee.

Billee remua la queue et lécha le visage de Buck pour le saluer.

Billee wagged his tail and licked Buck's face to greet him.

Buck a vu comment Billee avait fabriqué un endroit pour dormir dans la neige.

Buck saw how Billee had made a sleeping place in the snow.

Il avait creusé et utilisé sa propre chaleur pour rester au chaud.

He had dug down and used his own heat to stay warm.

Buck avait appris une autre leçon : c'est ainsi que les chiens dormaient.

Buck had learned another lesson—this was how the dogs slept.

Il a choisi un endroit et a commencé à creuser son propre trou dans la neige.

He picked a spot and started digging his own hole in the snow.

Au début, il bougeait trop et gaspillait de l'énergie.

At first, he moved around too much and wasted energy.

Mais bientôt son corps réchauffa l'espace et il se sentit en sécurité.

But soon his body warmed the space, and he felt safe.

Il se recroquevilla étroitement et, peu de temps après, il s'endormit profondément.

He curled up tightly, and before long he was fast asleep.

La journée avait été longue et dure, et Buck était épuisé.

The day had been long and hard, and Buck was exhausted.

Il dormait profondément et confortablement, même si ses rêves étaient fous.

He slept deeply and comfortably, though his dreams were wild.

Il grognait et aboyait dans son sommeil, se tordant pendant qu'il rêvait.

He growled and barked in his sleep, twisting as he dreamed.

Buck ne s'est réveillé que lorsque le camp était déjà en train de prendre vie.

Buck didn't wake up until the camp was already coming to life.

Au début, il ne savait pas où il était ni ce qui s'était passé.

At first, he didn't know where he was or what had happened.

La neige était tombée pendant la nuit et avait complètement enseveli son corps.

Snow had fallen overnight and completely buried his body.

La neige se pressait autour de lui, serrée de tous côtés.

The snow pressed in around him, tight on all sides.

Soudain, une vague de peur traversa tout le corps de Buck.

Suddenly a wave of fear rushed through Buck's entire body.

C'était la peur d'être piégé, une peur venue d'instincts profonds.

It was the fear of being trapped, a fear from deep instincts.

Bien qu'il n'ait jamais vu de piège, la peur vivait en lui.

Though he had never seen a trap, the fear lived inside him.

C'était un chien apprivoisé, mais maintenant ses vieux instincts sauvages se réveillaient.

He was a tame dog, but now his old wild instincts were waking.

Les muscles de Buck se tendirent et sa fourrure se dressa sur tout son dos.

Buck's muscles tensed, and his fur stood up all over his back.

Il grogna férocement et bondit droit dans la neige.

He snarled fiercely and sprang straight up through the snow.

La neige volait dans toutes les directions alors qu'il faisait irruption dans la lumière du jour.

Snow flew in every direction as he burst into the daylight.

Avant même d'atterrir, Buck vit le camp s'étendre devant lui.

Even before landing, Buck saw the camp spread out before him.

Il se souvenait de tout ce qui s'était passé la veille, d'un seul coup.

He remembered everything from the day before, all at once.

Il se souvenait d'avoir flâné avec Manuel et d'avoir fini à cet endroit.

He remembered strolling with Manuel and ending up in this place.

Il se souvenait avoir creusé le trou et s'être endormi dans le froid.

He remembered digging the hole and falling asleep in the cold.

Maintenant, il était réveillé et le monde sauvage qui l'entourait était clair.

Now he was awake, and the wild world around him was clear.

Un cri de François salua l'apparition soudaine de Buck.

A shout from François hailed Buck's sudden appearance.

« Qu'est-ce que j'ai dit ? » cria le conducteur du chien à Perrault.

"What did I say?" the dog-driver cried loudly to Perrault.

« Ce Buck apprend vraiment très vite », a ajouté François.

"That Buck for sure learns quick as anything," François added.

Perrault hocha gravement la tête, visiblement satisfait du résultat.

Perrault nodded gravely, clearly pleased with the result.

En tant que courrier pour le gouvernement canadien, il transportait des dépêches.

As a courier for the Canadian Government, he carried dispatches.

Il était impatient de trouver les meilleurs chiens pour son importante mission.

He was eager to find the best dogs for his important mission.

Il se sentait particulièrement heureux maintenant que Buck faisait partie de l'équipe.

He felt especially pleased now that Buck was part of the team.

Trois autres huskies ont été ajoutés à l'équipe en une heure.

Three more huskies were added to the team within an hour.

Cela porte le nombre total de chiens dans l'équipe à neuf.

That brought the total number of dogs on the team to nine.

En quinze minutes, tous les chiens étaient dans leurs harnais.

Within fifteen minutes all the dogs were in their harnesses.

L'équipe de traîneaux remontait le sentier en direction du canyon de Dyea.

The sled team was swinging up the trail toward Dyea Cañon.

Buck était heureux de partir, même si le travail à venir était difficile.

Buck felt glad to be leaving, even if the work ahead was hard.

Il s'est rendu compte qu'il ne détestait pas particulièrement le travail ou le froid.

He found he did not particularly despise the labor or the cold.

Il a été surpris par l'empressement qui a rempli toute l'équipe.

He was surprised by the eagerness that filled the whole team.

Encore plus surprenant fut le changement qui s'était produit chez Dave et Solleks.

Even more surprising was the change that had come over Dave and Solleks.

Ces deux chiens étaient complètement différents lorsqu'ils étaient attelés.

These two dogs were entirely different when they were harnessed.

Leur passivité et leur manque d'intérêt avaient complètement disparu.

Their passiveness and lack of concern had completely disappeared.

Ils étaient alertes et actifs, et désireux de bien faire leur travail.

They were alert and active, and eager to do their work well.

Ils s'irritaient violemment à tout ce qui pouvait provoquer un retard ou une confusion.

They grew fiercely irritated at anything that caused delay or confusion.

Le travail acharné sur les rênes était le centre de tout leur être.

The hard work on the reins was the center of their entire being.

Tirer un traîneau semblait être la seule chose qu'ils appréciaient vraiment.

Sled pulling seemed to be the only thing they truly enjoyed.

Dave était à l'arrière du groupe, le plus proche du traîneau lui-même.

Dave was at the back of the group, closest to the sled itself.

Buck a été placé devant Dave, et Solleks a dépassé Buck.

Buck was placed in front of Dave, and Solleks pulled ahead of Buck.

Le reste des chiens était aligné devant eux en file indienne.

The rest of the dogs were strung out ahead in a single file.

La position de tête à l'avant était occupée par Spitz.

The lead position at the front was filled by Spitz.

Buck avait été placé entre Dave et Solleks pour l'instruction.

Buck had been placed between Dave and Solleks for instruction.

Il apprenait vite et ils étaient des professeurs fermes et compétents.

He was a quick learner, and they were firm and capable teachers.

Ils n'ont jamais permis à Buck de rester longtemps dans l'erreur.

They never allowed Buck to remain in error for long.

Ils ont enseigné leurs leçons avec des dents acérées quand c'était nécessaire.

They taught their lessons with sharp teeth when needed.

Dave était juste et faisait preuve d'une sagesse calme et sérieuse.

Dave was fair and showed a quiet, serious kind of wisdom.

Il n'a jamais mordu Buck sans une bonne raison de le faire.

He never bit Buck without a good reason to do so.

Mais il n'a jamais manqué de mordre lorsque Buck avait besoin d'être corrigé.

But he never failed to bite when Buck needed correction.

Le fouet de François était toujours prêt et soutenait leur autorité.

François's whip was always ready and backed up their authority.

Buck a vite compris qu'il valait mieux obéir que riposter.

Buck soon found it was better to obey than to fight back.

Un jour, lors d'un court repos, Buck s'est emmêlé dans les rênes.

Once, during a short rest, Buck got tangled in the reins.

Il a retardé le départ et a perturbé le mouvement de l'équipe.

He delayed the start and confused the team's movement.

Dave et Solleks se sont jetés sur lui et lui ont donné une raclée.

Dave and Solleks flew at him and gave him a rough beating.

L'enchevêtrement n'a fait qu'empirer, mais Buck a bien appris sa leçon.

The tangle only got worse, but Buck learned his lesson well.

Dès lors, il garda les rênes tendues et travailla avec soin.

From then on, he kept the reins taut, and worked carefully.

Avant la fin de la journée, Buck avait maîtrisé une grande partie de sa tâche.

Before the day ended, Buck had mastered much of his task.

Ses coéquipiers ont presque arrêté de le corriger ou de le mordre.

His teammates almost stopped correcting or biting him.

Le fouet de François claquait de moins en moins souvent dans l'air.

François's whip cracked through the air less and less often.

Perrault a même soulevé les pieds de Buck et a soigneusement examiné chaque patte.

Perrault even lifted Buck's feet and carefully examined each paw.

Cela avait été une journée de course difficile, longue et épuisante pour eux tous.

It had been a hard day's run, long and exhausting for them all.

Ils remontèrent le Cañon, traversèrent Sheep Camp et passèrent devant les Scales.

They travelled up the Cañon, through Sheep Camp, and past the Scales.

Ils ont traversé la limite des forêts, puis des glaciers et des congères de plusieurs mètres de profondeur.

They crossed the timber line, then glaciers and snowdrifts many feet deep.

Ils ont escaladé la grande et froide chaîne de montagnes Chilkoot Divide.

They climbed the great cold and forbidding Chilkoot Divide.

Cette haute crête se dressait entre l'eau salée et l'intérieur gelé.

That high ridge stood between salt water and the frozen interior.

Les montagnes protégeaient le Nord triste et solitaire avec de la glace et des montées abruptes.

The mountains guarded the sad and lonely North with ice and steep climbs.

Ils ont parcouru à bon rythme une longue chaîne de lacs en aval de la ligne de partage des eaux.

They made good time down a long chain of lakes below the divide.

Ces lacs remplissaient les anciens cratères de volcans éteints.

Those lakes filled the ancient craters of extinct volcanoes.

Tard dans la nuit, ils atteignirent un grand camp au bord du lac Bennett.

Late that night, they reached a large camp at Lake Bennett.

Des milliers de chercheurs d'or étaient là, construisant des bateaux pour le printemps.

Thousands of gold seekers were there, building boats for spring.

La glace allait bientôt se briser et ils devaient être prêts.

The ice was going break up soon, and they had to be ready.

Buck creusa son trou dans la neige et tomba dans un profond sommeil.

Buck dug his hole in the snow and fell into a deep sleep.

Il dormait comme un ouvrier, épuisé par une dure journée de travail.

He slept like a working man, exhausted from the harsh day of toil.

Mais trop tôt dans l'obscurité, il fut tiré de son sommeil.

But too early in the darkness, he was dragged from sleep.

Il fut à nouveau attelé avec ses compagnons et attaché au traîneau.

He was harnessed with his mates again and attached to the sled.

Ce jour-là, ils ont parcouru quarante milles, car la neige était bien battue.

That day they made forty miles, because the snow was well trodden.

Le lendemain, et pendant plusieurs jours après, la neige était molle.

The next day, and for many days after, the snow was soft.

Ils ont dû faire le chemin eux-mêmes, en travaillant plus dur et en avançant plus lentement.

They had to make the path themselves, working harder and moving slower.

Habituellement, Perrault marchait devant l'équipe avec des raquettes palmées.

Usually, Perrault walked ahead of the team with webbed snowshoes.

Ses pas ont compacté la neige, facilitant ainsi le déplacement du traîneau.

His steps packed the snow, making it easier for the sled to move.

François, qui dirigeait depuis le mât, prenait parfois le relais.

François, who steered from the gee-pole, sometimes took over.

Mais il était rare que François prenne les devants

But it was rare that François took the lead

parce que Perrault était pressé de livrer les lettres et les colis.

because Perrault was in a rush to deliver the letters and parcels.

Perrault était fier de sa connaissance de la neige, et surtout de la glace.

Perrault was proud of his knowledge of snow, and especially ice.

Cette connaissance était essentielle, car la glace d'automne était dangereusement mince.

That knowledge was essential, because fall ice was dangerously thin.

Là où l'eau coulait rapidement sous la surface, il n'y avait pas du tout de glace.

Where water flowed fast beneath the surface, there was no ice at all.

Jour après jour, la même routine se répétait sans fin.

Day after day, the same routine repeated without end.

Buck travaillait sans relâche sur les rênes, de l'aube jusqu'à la nuit.

Buck toiled endlessly in the reins from dawn until night.

Ils quittèrent le camp dans l'obscurité, bien avant le lever du soleil.

They left camp in the dark, long before the sun had risen.

Au moment où le jour se leva, ils avaient déjà parcouru de nombreux kilomètres.

By the time daylight came, many miles were already behind them.

Ils ont installé leur campement après la tombée de la nuit, mangeant du poisson et creusant dans la neige.

They pitched camp after dark, eating fish and burrowing into snow.

Buck avait toujours faim et n'était jamais vraiment satisfait de sa ration.

Buck was always hungry and never truly satisfied with his ration.

Il recevait une livre et demie de saumon séché chaque jour.

He received a pound and a half of dried salmon each day.

Mais la nourriture semblait disparaître en lui, laissant la faim derrière elle.

But the food seemed to vanish inside him, leaving hunger behind.

Il souffrait constamment de la faim et rêvait de plus de nourriture.

He suffered from constant pangs of hunger, and dreamed of more food.

Les autres chiens n'ont pris qu'une livre, mais ils sont restés forts.

The other dogs got only one pound, but they stayed strong.

Ils étaient plus petits et étaient nés dans le mode de vie du Nord.

They were smaller, and had been born into the northern life.

Il perdit rapidement la méticulosité qui avait marqué son ancienne vie.

He swiftly lost the fastidiousness which had marked his old life.

Il avait été un mangeur délicat, mais maintenant ce n'était plus possible.

He had been a dainty eater, but now that was no longer possible.

Ses camarades ont terminé premiers et lui ont volé sa ration inachevée.

His mates finished first and robbed him of his unfinished ration.

Une fois qu'ils ont commencé, il n'y avait aucun moyen de défendre sa nourriture contre eux.

Once they began there was no way to defend his food from them.

Pendant qu'il combattait deux ou trois chiens, les autres volaient le reste.

While he fought off two or three dogs, the others stole the rest.

Pour résoudre ce problème, il a commencé à manger aussi vite que les autres.

To fix this, he began eating as fast as the others ate.

La faim le poussait tellement qu'il prenait même de la nourriture qui n'était pas la sienne.

Hunger pushed him so hard that he even took food not his own.

Il observait les autres et apprenait rapidement de leurs actions.

He watched the others and learned quickly from their actions.

Il a vu Pike, un nouveau chien, voler une tranche de bacon à Perrault.

He saw Pike, a new dog, steal a slice of bacon from Perrault.

Pike avait attendu que Perrault ait le dos tourné pour voler le bacon.

Pike had waited until Perrault's back was turned to steal the bacon.

Le lendemain, Buck a copié Pike et a volé tout le morceau.

The next day, Buck copied Pike and stole the whole chunk.

Un grand tumulte s'ensuivit, mais Buck ne fut pas suspecté.

A great uproar followed, but Buck was not suspected.

Dub, un chien maladroit qui se faisait toujours prendre, a été puni à la place.

Dub, a clumsy dog who always got caught, was punished instead.

Ce premier vol a fait de Buck un chien apte à survivre dans le Nord.

That first theft marked Buck as a dog fit to survive the North.

Il a montré qu'il pouvait s'adapter à de nouvelles conditions et apprendre rapidement.

He showed he could adapt to new conditions and learn quickly.

Sans une telle adaptabilité, il serait mort rapidement et gravement.

Without such adaptability, he would have died swiftly and badly.

Cela a également marqué l'effondrement de sa nature morale et de ses valeurs passées.

It also marked the breakdown of his moral nature and past values.

Dans le Southland, il avait vécu sous la loi de l'amour et de la bonté.

In the Southland, he had lived under the law of love and kindness.

Là, il était logique de respecter la propriété et les sentiments des autres chiens.

There it made sense to respect property and other dogs' feelings.

Mais le Northland suivait la loi du club et la loi du croc.

But the Northland followed the law of club and the law of fang.

Quiconque respectait les anciennes valeurs ici était stupide et échouerait.

Whoever respected old values here was foolish and would fail.

Buck n'a pas réfléchi à tout cela dans son esprit.

Buck did not reason all this out in his mind.

Il était en forme et s'est donc adapté sans avoir besoin de réfléchir.

He was fit, and so he adjusted without needing to think.

De toute sa vie, il n'avait jamais fui un combat.

All his life, he had never run away from a fight.

Mais la massue en bois de l'homme au pull rouge a changé cette règle.

But the wooden club of the man in the red sweater changed that rule.

Il suivait désormais un code plus profond et plus ancien, inscrit dans son être.

Now he followed a deeper, older code written into his being.

Il ne volait pas par plaisir, mais par faim.

He did not steal out of pleasure, but from the pain of hunger.

Il n'a jamais volé ouvertement, mais il a volé avec ruse et prudence.

He never robbed openly, but stole with cunning and care.

Il a agi par respect pour la massue en bois et par peur du croc.

He acted out of respect for the wooden club and fear of the fang.

En bref, il a fait ce qui était plus facile et plus sûr que de ne pas le faire.

In short, he did what was easier and safer than not doing it.

Son développement – ou peut-être son retour à ses anciens instincts – fut rapide.

His development—or perhaps his return to old instincts—was fast.

Ses muscles se durcirent jusqu'à devenir aussi forts que du fer.

His muscles hardened until they felt as strong as iron.

Il ne se souciait plus de la douleur, à moins qu'elle ne soit grave.

He no longer cared about pain, unless it was serious.

Il est devenu efficace à l'intérieur comme à l'extérieur, ne gaspillant rien du tout.

He became efficient inside and out, wasting nothing at all.

Il pouvait manger des choses viles, pourries ou difficiles à digérer.

He could eat things that were vile, rotten, or hard to digest.

Quoi qu'il mange, son estomac utilisait jusqu'au dernier morceau de valeur.

Whatever he ate, his stomach used every last bit of value.

Son sang transportait les nutriments loin dans son corps puissant.

His blood carried the nutrients far through his powerful body.

Cela a créé des tissus solides qui lui ont donné une endurance incroyable.

This built strong tissues that gave him incredible endurance.

Sa vue et son odorat sont devenus beaucoup plus sensibles qu'avant.

His sight and smell became much more sensitive than before.

Son ouïe est devenue si fine qu'il pouvait détecter des sons faibles pendant son sommeil.

His hearing grew so sharp he could detect faint sounds in sleep.

Il savait dans ses rêves si les sons signifiaient sécurité ou danger.

He knew in his dreams whether the sounds meant safety or danger.

Il a appris à mordre la glace entre ses orteils avec ses dents.

He learned to bite the ice between his toes with his teeth.

Si un point d'eau gelait, il brisait la glace avec ses jambes.

If a water hole froze over, he would break the ice with his legs.

Il se cabra et frappa violemment la glace avec ses membres antérieurs raides.

He reared up and struck the ice hard with stiff front limbs.

Sa capacité la plus frappante était de prédire les changements de vent pendant la nuit.

His most striking ability was predicting wind changes overnight.

Même lorsque l'air était calme, il choisissait des endroits abrités du vent.

Even when the air was still, he chose spots sheltered from wind.

Partout où il creusait son nid, le vent du lendemain le passait à côté de lui.

Wherever he dug his nest, the next day's wind passed him by.

Il finissait toujours par se blottir et se protéger, sous le vent.

He always ended up snug and protected, to leeward of the breeze.

Buck n'a pas seulement appris par l'expérience : son instinct est également revenu.

Buck not only learned by experience—his instincts returned too.

Les habitudes des générations domestiquées ont commencé à disparaître.

The habits of domesticated generations began to fall away.

De manière vague, il se souvenait des temps anciens de sa race.

In vague ways, he remembered the ancient times of his breed.

Il repensa à l'époque où les chiens sauvages couraient en meute dans les forêts.

He thought back to when wild dogs ran in packs through forests.

Ils avaient poursuivi et tué leur proie en la poursuivant.

They had chased and killed their prey while running it down.

Il était facile pour Buck d'apprendre à se battre avec force et rapidité.

It was easy for Buck to learn how to fight with tooth and speed.

Il utilisait des coupures, des entailles et des coups rapides, tout comme ses ancêtres.

He used cuts, slashes, and quick snaps just like his ancestors.

Ces ancêtres se sont réveillés en lui et ont réveillé sa nature sauvage.

Those ancestors stirred within him and awoke his wild nature.

Leurs anciennes compétences lui avaient été transmises par le sang.

Their old skills had passed into him through the bloodline.

Leurs tours étaient désormais à lui, sans besoin de pratique ni d'effort.

Their tricks were his now, with no need for practice or effort.

Lors des nuits calmes et froides, Buck levait le nez et hurlait.

On still, cold nights, Buck lifted his nose and howled.

Il hurla longuement et profondément, comme le faisaient les loups autrefois.

He howled long and deep, the way wolves had done long ago.

À travers lui, ses ancêtres morts pointaient leur nez et hurlaient.

Through him, his dead ancestors pointed their noses and howled.

Ils ont hurlé à travers les siècles avec sa voix et sa forme.

They howled down through the centuries in his voice and shape.

Ses cadences étaient les leurs, de vieux cris qui parlaient de chagrin et de froid.

His cadences were theirs, old cries that told of grief and cold.

Ils chantaient l'obscurité, la faim et le sens de l'hiver.

They sang of darkness, of hunger, and the meaning of winter.

Buck a prouvé que la vie est façonnée par des forces qui nous dépassent.

Buck proved of how life is shaped by forces beyond oneself,

L'ancienne chanson s'éleva à travers Buck et s'empara de son âme.

the ancient song rose through Buck and took hold of his soul.

Il s'est retrouvé parce que les hommes avaient trouvé de l'or dans le Nord.

He found himself because men had found gold in the North.

Et il s'est retrouvé parce que Manuel, l'aide du jardinier, avait besoin d'argent.

And he found himself because Manuel, the gardener's helper, needed money.

La Bête Primordiale Dominante
The Dominant Primordial Beast

La bête primordiale dominante était aussi forte que jamais en Buck.

The dominant primordial beast was as strong as ever in Buck.

Mais la bête primordiale dominante sommeillait en lui.

But the dominant primordial beast had lain dormant in him.

La vie sur le sentier était dure, mais elle renforçait la bête qui sommeillait en Buck.

Trail life was harsh, but it strengthened beast inside Buck.

Secrètement, la bête devenait de plus en plus forte chaque jour.

Secretly the beast grew stronger and stronger every day.

Mais cette croissance intérieure est restée cachée au monde extérieur.

But that inner growth stayed hidden to the outside world.

Une force primordiale, calme et tranquille, se construisait à l'intérieur de Buck.

A quiet and calm primordial force was building inside Buck.

Une nouvelle ruse a donné à Buck l'équilibre, le calme, le contrôle et l'équilibre.

New cunning gave Buck balance, calm control, and poise.

Buck s'est concentré sur son adaptation, sans jamais se sentir complètement détendu.

Buck focused hard on adapting, never feeling fully relaxed.

Il évitait les conflits, ne déclenchait jamais de bagarres et ne cherchait jamais les ennuis.

He avoided conflict, never starting fights, nor seeking trouble.

Une réflexion lente et constante façonnait chaque mouvement de Buck.

A slow, steady thoughtfulness shaped Buck's every move.

Il évitait les choix irréfléchis et les décisions soudaines et imprudentes.

He avoided rash choices and sudden, reckless decisions.

Bien que Buck détestait profondément Spitz, il ne lui montrait aucune agressivité.

Though Buck hated Spitz deeply, he showed him no aggression.

Buck n'a jamais provoqué Spitz et a gardé ses actions contenues.

Buck never provoked Spitz, and kept his actions restrained.

Spitz, de son côté, sentait le danger grandissant chez Buck.

Spitz, on the other hand, sensed the growing danger in Buck.

Il considérait Buck comme une menace et un sérieux défi à son pouvoir.

He saw Buck as a threat and a serious challenge to his power.

Il profitait de chaque occasion pour grogner et montrer ses dents acérées.

He used every chance to snarl and show his sharp teeth.

Il essayait de déclencher le combat mortel qui devait avoir lieu.

He was trying to start the deadly fight that had to come.

Au début du voyage, une bagarre a failli éclater entre eux.

Early in the trip, a fight nearly broke out between them.

Mais un accident inattendu a empêché le combat d'avoir lieu.

But an unexpected accident stopped the fight from happening.

Ce soir-là, ils installèrent leur campement sur le lac Le Barge, extrêmement froid.

That evening they set up camp on the bitterly cold Lake Le Barge.

La neige tombait fort et le vent soufflait comme un couteau.

The snow was falling hard, and the wind cut like a knife.

La nuit était venue trop vite et l'obscurité les entourait.

The night had come too fast, and darkness surrounded them.

Ils n'auraient pas pu choisir un pire endroit pour se reposer.

They could hardly have chosen a worse place for rest.

Les chiens cherchaient désespérément un endroit où se coucher.

The dogs searched desperately for a place to lie down.

Un haut mur de roche s'élevait abruptement derrière le petit groupe.

A tall rock wall rose steeply behind the small group.

La tente avait été laissée à Dyea pour alléger la charge.
The tent had been left behind in Dyea to lighten the load.
Ils n'avaient pas d'autre choix que d'allumer le feu sur la glace elle-même.
They had no choice but to make the fire on the ice itself.
Ils étendent leurs robes de nuit directement sur le lac gelé.
They spread their sleeping robes directly on the frozen lake.
Quelques bâtons de bois flotté leur ont donné un peu de feu.
A few sticks of driftwood gave them a little bit of fire.
Mais le feu s'est allumé sur la glace et a fondu à travers elle.
But the fire was built on the ice, and thawed through it.
Finalement, ils mangeaient leur dîner dans l'obscurité.
Eventually they were eating their supper in darkness.
Buck s'est recroquevillé près du rocher, à l'abri du vent froid.
Buck curled up beside the rock, sheltered from the cold wind.
L'endroit était si chaud et sûr que Buck détestait déménager.
The spot was so warm and safe that Buck hated to move away.
Mais François avait réchauffé le poisson et distribuait les rations.
But François had warmed the fish and was handing out rations.
Buck finit de manger rapidement et retourna dans son lit.
Buck finished eating quickly, and returned to his bed.
Mais Spitz était maintenant allongé là où Buck avait fait son lit.
But Spitz was now laying where Buck had made his bed.
Un grognement sourd avertit Buck que Spitz refusait de bouger.
A low snarl warned Buck that Spitz refused to move.
Jusqu'à présent, Buck avait évité ce combat avec Spitz.
Until now, Buck had avoided this fight with Spitz.
Mais au plus profond de Buck, la bête s'est finalement libérée.
But deep inside Buck the beast finally broke loose.
Le vol de son lieu de couchage était trop difficile à tolérer.
The theft of his sleeping place was too much to tolerate.
Buck se lança sur Spitz, plein de colère et de rage.

Buck launched himself at Spitz, full of anger and rage.

Jusqu'à présent, Spitz pensait que Buck n'était qu'un gros chien.

Up until not Spitz had thought Buck was just a big dog.

Il ne pensait pas que Buck avait survécu grâce à son esprit.

He didn't think Buck had survived through his spirit.

Il s'attendait à la peur et à la lâcheté, pas à la fureur et à la vengeance.

He was expecting fear and cowardice, not fury and revenge.

François regarda les deux chiens sortir du nid en ruine.

François stared as both dogs burst from the ruined nest.

Il comprit immédiatement ce qui avait déclenché cette lutte sauvage.

He understood at once what had started the wild struggle.

« Aa-ah ! » s'écria François en soutien au chien brun.

"A-a-ah!" François cried out in support of the brown dog.

« Frappez-le ! Par Dieu, punissez ce voleur sournois ! »

"Give him a beating! By God, punish that sneaky thief!"

Spitz a montré une volonté égale et une impatience folle de se battre.

Spitz showed equal readiness and wild eagerness to fight.

Il cria de rage tout en tournant rapidement en rond, cherchant une ouverture.

He cried out in rage while circling fast, seeking an opening.

Buck a montré la même soif de combat et la même prudence.

Buck showed the same hunger to fight, and the same caution.

Il a également encerclé son adversaire, essayant de prendre le dessus dans la bataille.

He circled his opponent as well, trying to gain the upper hand in battle.

Puis quelque chose d'inattendu s'est produit et a tout changé.

Then something unexpected happened and changed everything.

Ce moment a retardé l'éventuelle lutte pour le leadership.

That moment delayed the eventual fight for the leadership.

De nombreux kilomètres de piste et de lutte attendaient encore avant la fin.

Many miles of trail and struggle still waited before the end.

Perrault cria un juron tandis qu'une massue frappait un os.

Perrault shouted an oath as a club smacked against bone.

Un cri aigu de douleur suivit, puis le chaos explosa tout autour.

A sharp yelp of pain followed, then chaos exploded all around.

Des formes sombres se déplaçaient dans le camp ; des huskies sauvages, affamés et féroces.

Dark shapes moved in camp; wild huskies, starved and fierce.

Quatre ou cinq douzaines de huskies avaient reniflé le camp de loin.

Four or five dozen huskies had sniffed the camp from far away.

Ils s'étaient glissés discrètement pendant que les deux chiens se battaient à proximité.

They had crept in quietly while the two dogs fought nearby.

François et Perrault chargèrent en brandissant des massues sur les envahisseurs.

François and Perrault charged, swinging clubs at the invaders.

Les huskies affamés ont montré les dents et ont riposté avec frénésie.

The starving huskies showed teeth and fought back in frenzy.

L'odeur de la viande et du pain les avait chassés de toute peur.

The smell of meat and bread had driven them past all fear.

Perrault battait un chien qui avait enfoui sa tête dans la boîte à nourriture.

Perrault beat a dog that had buried its head in the grub-box.

Le coup a été violent et la boîte s'est retournée, la nourriture s'est répandue.

The blow hit hard, and the box flipped, food spilling out.

En quelques secondes, une vingtaine de bêtes sauvages déchirèrent le pain et la viande.

In seconds, a score of wild beasts tore into the bread and meat.

Les clubs masculins ont porté coup sur coup, mais aucun chien ne s'est détourné.

The men's clubs landed blow after blow, but no dog turned away.

Ils hurlaient de douleur, mais se battaient jusqu'à ce qu'il ne reste plus de nourriture.

They howled in pain, but fought until no food remained.

Pendant ce temps, les chiens de traîneau avaient sauté de leurs lits enneigés.

Meanwhile, the sled-dogs had jumped from their snowy beds.

Ils ont été immédiatement attaqués par les huskies vicieux et affamés.

They were instantly attacked by the vicious hungry huskies.

Buck n'avait jamais vu de créatures aussi sauvages et affamées auparavant.

Buck had never seen such wild and starved creatures before.

Leur peau pendait librement, cachant à peine leur squelette.

Their skin hung loose, barely hiding their skeletons.

Il y avait un feu dans leurs yeux, de faim et de folie

There was a fire in their eyes, from hunger and madness

Il n'y avait aucun moyen de les arrêter, aucune résistance à leur ruée sauvage.

There was no stopping them; no resisting their savage rush.

Les chiens de traîneau furent repoussés, pressés contre la paroi de la falaise.

The sled-dogs were shoved back, pressed against the cliff wall.

Trois huskies ont attaqué Buck en même temps, déchirant sa chair.

Three huskies attacked Buck at once, tearing into his flesh.

Du sang coulait de sa tête et de ses épaules, là où il avait été coupé.

Blood poured from his head and shoulders, where he'd been cut.

Le bruit remplissait le camp : grognements, cris et cris de douleur.

The noise filled the camp; growling, yelps, and cries of pain.

Billee pleurait fort, comme d'habitude, prise dans la mêlée et la panique.

Billee cried loudly, as usual, caught in the fray and panic.

Dave et Solleks se tenaient côte à côte, saignant mais provocants.

Dave and Solleks stood side by side, bleeding but defiant.

Joe s'est battu comme un démon, mordant tout ce qui s'approchait.

Joe fought like a demon, biting anything that came close.

Il a écrasé la jambe d'un husky d'un claquement brutal de ses mâchoires.

He crushed a husky's leg with one brutal snap of his jaws.

Pike a sauté sur le husky blessé et lui a brisé le cou instantanément.

Pike jumped on the wounded husky and broke its neck instantly.

Buck a attrapé un husky par la gorge et lui a déchiré la veine.

Buck caught a husky by the throat and ripped through the vein.

Le sang gicla et le goût chaud poussa Buck dans une frénésie.

Blood sprayed, and the warm taste drove Buck into a frenzy.

Il s'est jeté sur un autre agresseur sans hésitation.

He hurled himself at another attacker without hesitation.

Au même moment, des dents acérées s'enfoncèrent dans la gorge de Buck.

At the same moment, sharp teeth dug into Buck's own throat.

Spitz avait frappé de côté, attaquant sans avertissement.

Spitz had struck from the side, attacking without warning.

Perrault et François avaient vaincu les chiens en volant la nourriture.

Perrault and François had defeated the dogs stealing the food.

Ils se sont alors précipités pour aider leurs chiens à repousser les attaquants.

Now they rushed to help their dogs fight back the attackers.

Les chiens affamés se retirèrent tandis que les hommes brandissaient leurs gourdins.

The starving dogs retreated as the men swung their clubs.

Buck s'est libéré de l'attaque, mais l'évasion a été brève.

Buck broke free from the attack, but the escape was brief.

Les hommes ont couru pour sauver leurs chiens, et les huskies ont de nouveau afflué.

The men ran to save their dogs, and the huskies swarmed again.

Billee, effrayé et courageux, sauta dans la meute de chiens.

Billee, frightened into bravery, leapt into the pack of dogs.

Mais il s'est alors enfui sur la glace, saisi de terreur et de panique.

But then he fled across the ice, in raw terror and panic.

Pike et Dub suivaient de près, courant pour sauver leur vie.

Pike and Dub followed close behind, running for their lives.

Le reste de l'équipe s'est séparé et dispersé, les suivant.

The rest of the team broke and scattered, following after them.

Buck rassembla ses forces pour courir, mais vit alors un éclair.

Buck gathered his strength to run, but then saw a flash.

Spitz s'est jeté sur le côté de Buck, essayant de le faire tomber au sol.

Spitz lunged at Buck's side, trying to knock him to the ground.

Sous cette foule de huskies, Buck n'aurait eu aucune échappatoire.

Under that mob of huskies, Buck would have had no escape.

Mais Buck est resté ferme et s'est préparé au coup de Spitz.

But Buck stood firm and braced for the blow from Spitz.

Puis il s'est retourné et a couru sur la glace avec l'équipe en fuite.

Then he turned and ran out onto the ice with the fleeing team.

Plus tard, les neuf chiens de traîneau se sont rassemblés à l'abri des bois.

Later, the nine sled-dogs gathered in the shelter of the woods.

Personne ne les poursuivait plus, mais ils étaient battus et blessés.

No one chased them anymore, but they were battered and wounded.

Chaque chien avait des blessures ; quatre ou cinq coupures profondes sur chaque corps.

Each dog had wounds; four or five deep cuts on every body.

Dub avait une patte arrière blessée et avait du mal à marcher maintenant.

Dub had an injured hind leg and struggled to walk now.

Dolly, le nouveau chien de Dyea, avait la gorge tranchée.

Dolly, the newest dog from Dyea, had a slashed throat.

Joe avait perdu un œil et l'oreille de Billee était coupée en morceaux

Joe had lost an eye, and Billee's ear was cut to pieces

Tous les chiens ont crié de douleur et de défaite toute la nuit.

All the dogs cried in pain and defeat through the night.

À l'aube, ils retournèrent au camp, endoloris et brisés.

At dawn they crept back to camp, sore and broken.

Les huskies avaient disparu, mais le mal était fait.

The huskies had vanished, but the damage had been done.

Perrault et François étaient de mauvaise humeur à cause de la ruine.

Perrault and François stood in foul moods over the ruin.

La moitié de la nourriture avait disparu, volée par les voleurs affamés.

Half of the food was gone, snatched by the hungry thieves.

Les huskies avaient déchiré les fixations et la toile du traîneau.

The huskies had torn through sled bindings and canvas.

Tout ce qui avait une odeur de nourriture avait été complètement dévoré.

Anything with a smell of food had been devoured completely.

Ils ont mangé une paire de bottes de voyage en peau d'élan de Perrault.

They ate a pair of Perrault's moose-hide traveling boots.

Ils ont mâché des reis en cuir et ruiné des sangles au point de les rendre inutilisables.

They chewed leather reis and ruined straps beyond use.

François cessa de fixer le fouet déchiré pour vérifier les chiens.

François stopped staring at the torn lash to check the dogs.

« Ah, mes amis », dit-il d'une voix basse et pleine d'inquiétude.

"Ah, my friends," he said, his voice low and filled with worry.

« Peut-être que toutes ces morsures vous transformeront en bêtes folles. »

"Maybe all these bites will turn you into mad beasts."

« Peut-être que ce sont tous des chiens enragés, sacredam ! Qu'en penses-tu, Perrault ? »

"Maybe all mad dogs, sacredam! What do you think, Perrault?"

Perrault secoua la tête, les yeux sombres d'inquiétude et de peur.

Perrault shook his head, eyes dark with concern and fear.

Il y avait encore quatre cents milles entre eux et Dawson.

Four hundred miles still lay between them and Dawson.

La folie canine pourrait désormais détruire toute chance de survie.

Dog madness now could destroy any chance of survival.

Ils ont passé deux heures à jurer et à essayer de réparer le matériel.

They spent two hours swearing and trying to fix the gear.

L'équipe blessée a finalement quitté le camp, brisée et vaincue.

The wounded team finally left the camp, broken and defeated.

C'était le sentier le plus difficile jusqu'à présent, et chaque pas était douloureux.

This was the hardest trail yet, and each step was painful.

La rivière Thirty Mile n'était pas gelée et coulait à flots.

The Thirty Mile River had not frozen, and was rushing wildly.

Ce n'est que dans les endroits calmes et les tourbillons que la glace parvenait à tenir.

Only in calm spots and swirling eddies did ice manage to hold.

Six jours de dur labeur se sont écoulés jusqu'à ce que les trente milles soient parcourus.

Six days of hard labor passed until the thirty miles were done.

Chaque kilomètre parcouru sur le sentier apportait du danger et une menace de mort.

Each mile of the trail brought danger and the threat of death.

Les hommes et les chiens risquaient leur vie à chaque pas douloureux.

The men and dogs risked their lives with every painful step.

Perrault a franchi des ponts de glace minces à une douzaine de reprises.

Perrault broke through thin ice bridges a dozen different times.

Il portait une perche et la laissait tomber sur le trou que son corps avait fait.

He carried a pole and let it fall across the hole his body made.

Plus d'une fois, ce poteau a sauvé Perrault de la noyade.

More than once did that pole save Perrault from drowning.

La vague de froid persistait, l'air était à cinquante degrés en dessous de zéro.

The cold snap held firm, the air was fifty degrees below zero.

Chaque fois qu'il tombait, Perrault devait allumer un feu pour survivre.

Every time he fell in, Perrault had to light a fire to survive.

Les vêtements mouillés gelaient rapidement, alors il les séchait près d'une source de chaleur intense.

Wet clothing froze fast, so he dried them near blazing heat.

Aucune peur n'a jamais touché Perrault, et cela a fait de lui un courrier.

No fear ever touched Perrault, and that made him a courier.

Il a été choisi pour le danger, et il l'a affronté avec une résolution tranquille.

He was chosen for danger, and he met it with quiet resolve.

Il s'avança face au vent, son visage ratatiné et gelé.

He pressed forward into wind, his shriveled face frostbitten.

De l'aube naissante à la tombée de la nuit, Perrault les mena en avant.

From faint dawn to nightfall, Perrault led them onward.

Il marchait sur une étroite bordure de glace qui se fissurait à chaque pas.

He walked on narrow rim ice that cracked with every step.

Ils n'osaient pas s'arrêter : chaque pause risquait de provoquer un effondrement mortel.

They dared not stop—each pause risked a deadly collapse.

Un jour, le traîneau s'est brisé, entraînant Dave et Buck à l'intérieur.

One time the sled broke through, pulling Dave and Buck in.

Au moment où ils ont été libérés, tous deux étaient presque gelés.

By the time they were dragged free, both were near frozen.

Les hommes ont rapidement allumé un feu pour garder Buck et Dave en vie.

The men built a fire quickly to keep Buck and Dave alive.

Les chiens étaient recouverts de glace du nez à la queue, raides comme du bois sculpté.

The dogs were coated in ice from nose to tail, stiff as carved wood.

Les hommes les faisaient courir en rond près du feu pour décongeler leurs corps.

The men ran them in circles near the fire to thaw their bodies.

Ils se sont approchés si près des flammes que leur fourrure a été brûlée.

They came so close to the flames that their fur was singed.

Spitz a ensuite brisé la glace, entraînant l'équipe derrière lui.

Spitz broke through the ice next, dragging in the team behind him.

La cassure s'est étendue jusqu'à l'endroit où Buck tirait.

The break reached all the way up to where Buck was pulling.

Buck se pencha en arrière, ses pattes glissant et tremblant sur le bord.

Buck leaned back hard, paws slipping and trembling on the edge.

Dave a également tendu vers l'arrière, juste derrière Buck sur la ligne.

Dave also strained backward, just behind Buck on the line.

François tirait sur le traîneau, ses muscles craquant sous l'effort.

François hauled on the sled, his muscles cracking with effort.

Une autre fois, la glace du bord s'est fissurée devant et derrière le traîneau.

Another time, rim ice cracked before and behind the sled.

Ils n'avaient d'autre issue que d'escalader une paroi rocheuse gelée.

They had no way out except to climb a frozen cliff wall.

Perrault a réussi à escalader le mur, mais un miracle l'a maintenu en vie.

Perrault somehow climbed the wall; a miracle kept him alive.

François resta en bas, priant pour avoir le même genre de chance.

François stayed below, praying for the same kind of luck.

Ils ont attaché chaque sangle, chaque amarrage et chaque traçage en une seule longue corde.

They tied every strap, lashing, and trace into one long rope.

Les hommes ont hissé chaque chien, un par un, jusqu'au sommet.

The men hauled each dog up, one at a time to the top.

François est monté en dernier, après le traîneau et toute la charge.

François climbed last, after the sled and the entire load.

Commença alors une longue recherche d'un chemin pour descendre des falaises.

Then began a long search for a path down from the cliffs.

Ils sont finalement descendus en utilisant la même corde qu'ils avaient fabriquée.

They finally descended using the same rope they had made.

La nuit tombait alors qu'ils retournaient au lit de la rivière, épuisés et endoloris.

Night fell as they returned to the riverbed, exhausted and sore.

La journée entière ne leur avait permis de gagner qu'un quart de mile.

The full day had earned them only a quarter mile of gain.

Au moment où ils atteignirent le Hootalinqua, Buck était épuisé.

By the time they reached the Hootalinqua, Buck was worn out.

Les autres chiens ont tout autant souffert des conditions du sentier.

The other dogs suffered just as badly from the trail conditions.

Mais Perrault avait besoin de récupérer du temps et les poussait chaque jour.

But Perrault needed to recover time, and pushed them on each day.

Le premier jour, ils ont parcouru trente miles jusqu'à Big Salmon.

The first day they traveled thirty miles to Big Salmon.

Le lendemain, ils parcoururent trente-cinq milles jusqu'à Little Salmon.

The next day they travelled thirty-five miles to Little Salmon.

Le troisième jour, ils ont parcouru quarante longs kilomètres gelés.

On the third day they pushed through forty long frozen miles.

À ce moment-là, ils approchaient de la colonie de Five Fingers.

By then, they were nearing the settlement of Five Fingers.

Les pieds de Buck étaient plus doux que les pieds durs des huskies indigènes.

Buck's feet were softer than the hard feet of native huskies.

Ses pattes étaient devenues plus fragiles au fil des générations civilisées.

His paws had grown tender over many civilized generations.

Il y a longtemps, ses ancêtres avaient été apprivoisés par des hommes de la rivière ou des chasseurs.

Long ago, his ancestors had been tamed by river men or hunters.

Chaque jour, Buck boitait de douleur, marchant sur des pattes à vif et douloureuses.

Every day Buck limped in pain, walking on raw, aching paws.

Au camp, Buck tomba comme une forme sans vie sur la neige.

At camp, Buck dropped like a lifeless form upon the snow.

Bien qu'affamé, Buck ne s'est pas levé pour manger son repas du soir.

Though starving, Buck did not rise to eat his evening meal.

François apporta sa ration à Buck, en déposant du poisson près de son museau.

François brought Buck his ration, laying fish by his muzzle.

Chaque nuit, le chauffeur frottait les pieds de Buck pendant une demi-heure.

Each night the driver rubbed Buck's feet for half an hour.

François a même découpé ses propres mocassins pour en faire des chaussures pour chiens.

François even cut up his own moccasins to make dog footwear.

Quatre chaussures chaudes ont apporté à Buck un grand et bienvenu soulagement.

Four warm shoes gave Buck a great and welcome relief.

Un matin, François oublia ses chaussures et Buck refusa de se lever.

One morning, François forgot the shoes, and Buck refused to rise.

Buck était allongé sur le dos, les pieds en l'air, les agitant pitoyablement.

Buck lay on his back, feet in the air, waving them pitifully.

Même Perrault sourit à la vue de l'appel dramatique de Buck.

Even Perrault grinned at the sight of Buck's dramatic plea.

Bientôt, les pieds de Buck devinrent durs et les chaussures purent être jetées.

Soon Buck's feet grew hard, and the shoes could be discarded.

À Pelly, pendant le temps du harnais, Dolly laissait échapper un hurlement épouvantable.

At Pelly, during harness time, Dolly let out a dreadful howl.

Le cri était long et rempli de folie, secouant chaque chien.

The cry was long and filled with madness, shaking every dog.

Chaque chien se hérissait de peur sans en connaître la raison.

Each dog bristled in fear without knowing the reason.

Dolly était devenue folle et s'était jetée directement sur Buck.

Dolly had gone mad and hurled herself straight at Buck.

Buck n'avait jamais vu la folie, mais l'horreur remplissait son cœur.

Buck had never seen madness, but horror filled his heart.

Sans réfléchir, il se retourna et s'enfuit, complètement paniqué.

With no thought, he turned and fled in absolute panic.

Dolly le poursuivit, les yeux fous, la salive s'échappant de ses mâchoires.

Dolly chased him, her eyes wild, saliva flying from her jaws.

Elle est restée juste derrière Buck, sans jamais gagner ni reculer.

She kept right behind Buck, never gaining and never falling back.

Buck courut à travers les bois, le long de l'île, sur de la glace déchiquetée.

Buck ran through woods, down the island, across jagged ice.

Il traversa vers une île, puis une autre, revenant vers la rivière.

He crossed to an island, then another, circling back to the river.

Dolly le poursuivait toujours, son grognement le suivant de près à chaque pas.

Still Dolly chased him, her growl close behind at every step.

Buck pouvait entendre son souffle et sa rage, même s'il n'osait pas regarder en arrière.

Buck could hear her breath and rage, though he dared not look back.

François cria de loin, et Buck se tourna vers la voix.

François shouted from afar, and Buck turned toward the voice.

Encore à bout de souffle, Buck courut, plaçant tout espoir en François.

Still gasping for air, Buck ran past, placing all hope in François.

Le conducteur du chien leva une hache et attendit que Buck passe à toute vitesse.

The dog-driver raised an axe and waited as Buck flew past.

La hache s'abattit rapidement et frappa la tête de Dolly avec une force mortelle.

The axe came down fast and struck Dolly's head with deadly force.

Buck s'est effondré près du traîneau, essoufflé et incapable de bouger.

Buck collapsed near the sled, wheezing and unable to move.

Ce moment a donné à Spitz l'occasion de frapper un ennemi épuisé.

That moment gave Spitz his chance to strike an exhausted foe.

Il a mordu Buck à deux reprises, déchirant la chair jusqu'à l'os blanc.

Twice he bit Buck, ripping flesh down to the white bone.

Le fouet de François claqua, frappant Spitz avec toute sa force et sa fureur.

François's whip cracked, striking Spitz with full, furious force.

Buck regarda avec joie Spitz recevoir sa raclée la plus dure jusqu'à présent.

Buck watched with joy as Spitz received his harshest beating yet.

« C'est un diable, ce Spitz », murmura sombrement Perrault pour lui-même.

"He's a devil, that Spitz," Perrault muttered darkly to himself.

« Un jour prochain, ce maudit chien tuera Buck, je le jure. »

"Someday soon, that cursed dog will kill Buck—I swear it."

« Ce Buck a deux démons en lui », répondit François en hochant la tête.

"That Buck has two devils in him," François replied with a nod.

« Quand je regarde Buck, je sais que quelque chose de féroce l'attend. »

"When I watch Buck, I know something fierce waits in him."

« Un jour, il deviendra fou comme le feu et mettra Spitz en pièces. »

"One day, he'll get mad as fire and tear Spitz to pieces."

« Il va mâcher ce chien et le recracher sur la neige gelée. »

"He'll chew that dog up and spit him on the frozen snow."

« Bien sûr que non, je le sais au plus profond de moi. »

"Sure as anything, I know this deep in my bones."

À partir de ce moment-là, les deux chiens étaient engagés dans une guerre.

From that moment forward, the two dogs were locked in war.

Spitz a dirigé l'équipe et a conservé le pouvoir, mais Buck a contesté cela.

Spitz led the team and held power, but Buck challenged that.

Spitz a vu son rang menacé par cet étrange étranger du Sud.

Spitz saw his rank threatened by this odd Southland stranger.

Buck ne ressemblait à aucun autre chien du sud que Spitz avait connu auparavant.

Buck was unlike any southern dog Spitz had known before.

La plupart d'entre eux ont échoué, trop faibles pour survivre au froid et à la faim.

Most of them failed—too weak to live through cold and hunger.

Ils sont morts rapidement à cause du travail, du gel et de la lenteur de la famine.

They died fast under labor, frost, and the slow burn of famine.

Buck se démarquait : plus fort, plus intelligent et plus sauvage chaque jour.

Buck stood apart—stronger, smarter, and more savage each day.

Il a prospéré dans les difficultés, grandissant jusqu'à égaler les huskies du Nord.

He thrived on hardship, growing to match the northern huskies.

Buck avait de la force, une habileté sauvage et un instinct patient et mortel.

Buck had strength, wild skill, and a patient, deadly instinct.

L'homme avec la massue avait fait perdre à Buck toute
témérité.

The man with the club had beaten rashness out of Buck.

La fureur aveugle avait disparu, remplacée par une ruse
silencieuse et un contrôle.

Blind fury was gone, replaced by quiet cunning and control.

Il attendait, calme et primitif, guettant le bon moment.

He waited, calm and primal, watching for the right moment.

Leur lutte pour le commandement est devenue inévitable et
claire.

Their fight for command became unavoidable and clear.

Buck désirait être un leader parce que son esprit l'exigeait.

Buck desired leadership because his spirit demanded it.

Il était poussé par l'étrange fierté née du sentier et du
harnais.

He was driven by the strange pride born of trail and harness.

Cette fierté a poussé les chiens à tirer jusqu'à ce qu'ils
s'effondrent sur la neige.

That pride made dogs pull till they collapsed on the snow.

L'orgueil les a poussés à donner toute la force qu'ils avaient.

Pride lured them into giving all the strength they had.

L'orgueil peut attirer un chien de traîneau jusqu'à la mort.

Pride can lure a sled-dog even to the point of death.

La perte du harnais a laissé les chiens brisés et sans but.

Losing the harness left dogs broken and without purpose.

Le cœur d'un chien de traîneau peut être brisé par la honte
lorsqu'il prend sa retraite.

The heart of a sled-dog can be crushed by shame when they
retire.

Dave vivait avec cette fierté alors qu'il tirait le traîneau par
derrière.

Dave lived by that pride as he dragged the sled from behind.

Solleks, lui aussi, a tout donné avec une force et une loyauté
redoutables.

Solleks, too, gave his all with grim strength and loyalty.

Chaque matin, l'orgueil les faisait passer de l'amertume à la
détermination.

Each morning, pride turned them from bitter to determined.

Ils ont poussé toute la journée, puis sont restés silencieux à la fin du camp.

They pushed all day, then dropped silent at the camp's end.

Cette fierté a donné à Spitz la force de battre les tire-au-flanc.

That pride gave Spitz the strength to beat shirkers into line.

Spitz craignait Buck parce que Buck portait cette même fierté profonde.

Spitz feared Buck because Buck carried that same deep pride.

L'orgueil de Buck s'est alors retourné contre Spitz, et il ne s'est pas arrêté.

Buck's pride now stirred against Spitz, and he did not stop.

Buck a défié le pouvoir de Spitz et l'a empêché de punir les chiens.

Buck defied Spitz's power and blocked him from punishing dogs.

Lorsque les autres échouaient, Buck s'interposait entre eux et leur chef.

When others failed, Buck stepped between them and their leader.

Il l'a fait intentionnellement, en rendant son défi ouvert et clair.

He did this with intent, making his challenge open and clear.

Une nuit, une forte neige a recouvert le monde d'un profond silence.

On one night heavy snow blanketed the world in deep silence.

Le lendemain matin, Pike, paresseux comme toujours, ne se leva pas pour aller travailler.

The next morning, Pike, lazy as ever, did not rise for work.

Il est resté caché dans son nid sous une épaisse couche de neige.

He stayed hidden in his nest beneath a thick layer of snow.

François a appelé et cherché, mais n'a pas pu trouver le chien.

François called out and searched, but could not find the dog.

Spitz devint furieux et se précipita à travers le camp couvert de neige.

Spitz grew furious and stormed through the snow-covered camp.

Il grogna et renifla, creusant frénétiquement avec des yeux flamboyants.

He growled and sniffed, digging madly with blazing eyes.

Sa rage était si féroce que Pike tremblait sous la neige de peur.

His rage was so fierce that Pike shook under the snow in fear.

Lorsque Pike fut finalement retrouvé, Spitz se précipita pour punir le chien qui se cachait.

When Pike was finally found, Spitz lunged to punish the hiding dog.

Mais Buck s'est précipité entre eux avec une fureur égale à celle de Spitz.

But Buck sprang between them with a fury equal to Spitz's own.

L'attaque fut si soudaine et intelligente que Spitz tomba.

The attack was so sudden and clever that Spitz fell off his feet.

Pike, qui tremblait, puisa du courage dans ce défi.

Pike, who had been shaking, took courage from this defiance.

Il sauta sur le Spitz tombé, suivant l'exemple audacieux de Buck.

He leapt on the fallen Spitz, following Buck's bold example.

Buck, n'étant plus tenu par l'équité, a rejoint la grève contre Spitz.

Buck, no longer bound by fairness, joined the strike on Spitz.

François, amusé mais ferme dans sa discipline, balançait son lourd fouet.

François, amused yet firm in discipline, swung his heavy lash.

Il frappa Buck de toutes ses forces pour mettre fin au combat.

He struck Buck with all his strength to break up the fight.

Buck a refusé de bouger et est resté au sommet du chef tombé.

Buck refused to move and stayed atop the fallen leader.

François a ensuite utilisé le manche du fouet, frappant Buck durement.

François then used the whip's handle, hitting Buck hard.

Titubant sous le coup, Buck recula sous l'assaut.

Staggering from the blow, Buck fell back under the assault.

François frappait encore et encore tandis que Spitz punissait Pike.

François struck again and again while Spitz punished Pike.

Les jours passèrent et Dawson City se rapprocha de plus en plus.

Days passed, and Dawson City grew nearer and nearer.

Buck n'arrêtait pas d'intervenir, se glissant entre le Spitz et les autres chiens.

Buck kept interfering, slipping between Spitz and other dogs.

Il choisissait bien ses moments, attendant toujours que François parte.

He chose his moments well, always waiting for François to leave.

La rébellion silencieuse de Buck s'est propagée et le désordre a pris racine dans l'équipe.

Buck's quiet rebellion spread, and disorder took root in the team.

Dave et Solleks sont restés fidèles, mais d'autres sont devenus indisciplinés.

Dave and Solleks stayed loyal, but others grew unruly.

L'équipe est devenue de plus en plus agitée, querelleuse et hors de propos.

The team grew worse—restless, quarrelsome, and out of line.

Plus rien ne fonctionnait correctement et les bagarres devenaient courantes.

Nothing worked smoothly anymore, and fights became common.

Buck est resté au cœur des troubles, provoquant toujours des troubles.

Buck stayed at the heart of the trouble, always provoking unrest.

François restait vigilant, effrayé par le combat entre Buck et Spitz.

François stayed alert, afraid of the fight between Buck and Spitz.

Chaque nuit, des bagarres le réveillaient, craignant que le commencement n'arrive enfin.

Each night, scuffles woke him, fearing the beginning finally arrived.

Il sauta de sa robe, prêt à mettre fin au combat.

He leapt from his robe, ready to break up the fight.

Mais le moment n'arriva jamais et ils atteignirent finalement Dawson.

But the moment never came, and they reached Dawson at last.

L'équipe est entrée dans la ville un après-midi sombre, tendu et calme.

The team entered the town one bleak afternoon, tense and quiet.

La grande bataille pour le leadership était encore en suspens dans l'air glacial.

The great battle for leadership still hung in the frozen air.

Dawson était rempli d'hommes et de chiens de traîneau, tous occupés à travailler.

Dawson was full of men and sled-dogs, all busy with work.

Buck regardait les chiens tirer des charges du matin au soir.

Buck watched the dogs pull loads from morning until night.

Ils transportaient des bûches et du bois de chauffage et acheminaient des fournitures vers les mines.

They hauled logs and firewood, freighted supplies to the mines.

Là où les chevaux travaillaient autrefois dans le Southland, les chiens travaillent désormais.

Where horses once worked in the Southland, dogs now labored.

Buck a vu quelques chiens du Sud, mais la plupart étaient des huskies ressemblant à des loups.

Buck saw some dogs from the South, but most were wolf-like huskies.

La nuit, comme une horloge, les chiens élevaient la voix pour chanter.

At night, like clockwork, the dogs raised their voices in song.

À neuf heures, à minuit et à nouveau à trois heures, les chants ont commencé.

At nine, at midnight, and again at three, the singing began.

Buck aimait se joindre à leur chant étrange, au son sauvage et ancien.

Buck loved joining their eerie chant, wild and ancient in sound.

Les aurores boréales flamboyaient, les étoiles dansaient et la neige recouvrait le pays.

The aurora flamed, stars danced, and snow blanketed the land.

Le chant des chiens s'éleva comme un cri contre le silence et le froid glacial.

The dogs' song rose as a cry against silence and bitter cold.

Mais leur hurlement contenait de la tristesse, et non du défi, dans chaque longue note.

But their howl held sorrow, not defiance, in every long note.

Chaque cri plaintif était plein de supplications, le fardeau de la vie elle-même.

Each wailing cry was full of pleading; the burden of life itself.

Cette chanson était vieille, plus vieille que les villes et plus vieille que les incendies.

That song was old—older than towns, and older than fires

Cette chanson était encore plus ancienne que les voix des hommes.

That song was more ancient even than the voices of men.

C'était une chanson du monde des jeunes, quand toutes les chansons étaient tristes.

It was a song from the young world, when all songs were sad.

La chanson portait la tristesse d'innombrables générations de chiens.

The song carried sorrow from countless generations of dogs.

Buck ressentait profondément la mélodie, gémissant de douleur enracinée dans les âges.

Buck felt the melody deeply, moaning from pain rooted in the ages.

Il sanglotait d'un chagrin aussi vieux que le sang sauvage dans ses veines.

He sobbed from a grief as old as the wild blood in his veins.

Le froid, l'obscurité et le mystère ont touché l'âme de Buck.

The cold, the dark, and the mystery touched Buck's soul.

Cette chanson prouvait à quel point Buck était revenu à ses origines.

That song proved how far Buck had returned to his origins.

À travers la neige et les hurlements, il avait trouvé le début de sa propre vie.

Through snow and howling he had found the start of his own life.

Sept jours après leur arrivée à Dawson, ils repartent.

Seven days after arriving in Dawson, they set off once again.

L'équipe est descendue de la caserne jusqu'au sentier du Yukon.

The team dropped from the Barracks down to the Yukon Trail.

Ils ont commencé le voyage de retour vers Dyea et Salt Water.

They began the journey back toward Dyea and Salt Water.

Perrault portait des dépêches encore plus urgentes qu'auparavant.

Perrault carried dispatches even more urgent than before.

Il était également saisi par la fierté du sentier et avait pour objectif d'établir un record.

He was also seized by trail pride and aimed to set a record.

Cette fois, plusieurs avantages étaient du côté de Perrault.

This time, several advantages were on Perrault's side.

Les chiens s'étaient reposés pendant une semaine entière et avaient repris des forces.

The dogs had rested for a full week and regained their strength.

Le sentier qu'ils avaient ouvert était maintenant damé par d'autres.

The trail they had broken was now hard-packed by others.

À certains endroits, la police avait stocké de la nourriture pour les chiens et les hommes.

In places, police had stored food for dogs and men alike.

Perrault voyageait léger, se déplaçait rapidement et n'avait pas grand-chose pour l'alourdir.

Perrault traveled light, moving fast with little to weigh him down.

Ils ont atteint Sixty-Mile, une course de cinquante milles, dès la première nuit.

They reached Sixty-Mile, a fifty-mile run, by the first night.

Le deuxième jour, ils se sont précipités sur le Yukon en direction de Pelly.

On the second day, they rushed up the Yukon toward Pelly.

Mais ces beaux progrès ont été accompagnés de beaucoup de difficultés pour François.

But such fine progress came with much strain for François.

La rébellion silencieuse de Buck avait brisé la discipline de l'équipe.

Buck's quiet rebellion had shattered the team's discipline.

Ils ne se rassemblaient plus comme une seule bête dans les rênes.

They no longer pulled together like one beast in the reins.

Buck avait conduit d'autres personnes à la défiance par son exemple audacieux.

Buck had led others into defiance through his bold example.

L'ordre de Spitz n'a plus été accueilli avec crainte ou respect.

Spitz's command was no longer met with fear or respect.

Les autres ont perdu leur respect pour lui et ont osé résister à son règne.

The others lost their awe of him and dared to resist his rule.

Une nuit, Pike a volé la moitié d'un poisson et l'a mangé sous les yeux de Buck.

One night, Pike stole half a fish and ate it under Buck's eye.

Une autre nuit, Dub et Joe se sont battus contre Spitz et sont restés impunis.

Another night, Dub and Joe fought Spitz and went unpunished.

Même Billee gémissait moins doucement et montrait une nouvelle vivacité.

Even Billee whined less sweetly and showed new sharpness.

Buck grognait sur Spitz à chaque fois qu'ils se croisaient.

Buck snarled at Spitz every time they crossed paths.

L'attitude de Buck devint audacieuse et menaçante, presque comme celle d'un tyran.

Buck's attitude grew bold and threatening, nearly like a bully.

Il marchait devant Spitz avec une démarche assurée, pleine de menace moqueuse.

He paced before Spitz with a swagger, full of mocking menace.

Cet effondrement de l'ordre s'est également propagé parmi les chiens de traîneau.

That collapse of order also spread among the sled-dogs.

Ils se battaient et se disputaient plus que jamais, remplissant le camp de bruit.

They fought and argued more than ever, filling camp with noise.

La vie au camp se transformait chaque nuit en un chaos sauvage et hurlant.

Camp life turned into a wild, howling chaos each night.

Seuls Dave et Solleks sont restés stables et concentrés.

Only Dave and Solleks remained steady and focused.

Mais même eux sont devenus colériques à cause des bagarres incessantes.

But even they became short-tempered from the constant brawls.

François jurait dans des langues étranges et piétinait de frustration.

François cursed in strange tongues and stomped in frustration.

Il s'arrachait les cheveux et criait tandis que la neige volait sous ses pieds.

He tore at his hair and shouted while snow flew underfoot.

Son fouet claqua sur le groupe, mais parvint à peine à les maintenir en ligne.

His whip snapped across the pack but barely kept them in line.

Chaque fois qu'il tournait le dos, les combats reprenaient.

Whenever his back was turned, the fighting broke out again.

François a utilisé le fouet pour Spitz, tandis que Buck a dirigé les rebelles.

François used the lash for Spitz, while Buck led the rebels.

Chacun connaissait le rôle de l'autre, mais Buck évitait tout blâme.

Each knew the other's role, but Buck avoided any blame.

François n'a jamais surpris Buck en train de provoquer une bagarre ou de se dérober à son travail.

François never caught Buck starting a fight or shirking his job.

Buck travaillait dur sous le harnais – le travail lui faisait désormais vibrer l'esprit.

Buck worked hard in harness—the toil now thrilled his spirit.

Mais il trouvait encore plus de joie à provoquer des bagarres et du chaos dans le camp.

But he found even more joy in stirring fights and chaos in camp.

Un soir, à l'embouchure du Tahkeena, Dub fit sursauter un lapin.

At the Tahkeena's mouth one evening, Dub startled a rabbit.

Il a raté la prise et le lièvre d'Amérique s'est enfui.

He missed the catch, and the snowshoe rabbit sprang away.

En quelques secondes, toute l'équipe de traîneau s'est lancée à sa poursuite en poussant des cris sauvages.

In seconds, the entire sled team gave chase with wild cries.

À proximité, un camp de la police du Nord-Ouest abritait une cinquantaine de chiens huskys.

Nearby, a Northwest Police camp housed fifty husky dogs.

Ils se sont joints à la chasse, descendant ensemble la rivière gelée.

They joined the hunt, surging down the frozen river together.

Le lapin a quitté la rivière et s'est enfui dans le lit d'un ruisseau gelé.

The rabbit turned off the river, fleeing up a frozen creek bed.

Le lapin sautait légèrement sur la neige tandis que les chiens peinaient à se frayer un chemin.

The rabbit skipped lightly over snow while the dogs struggled through.

Buck menait l'énorme meute de soixante chiens dans chaque virage sinueux.

Buck led the massive pack of sixty dogs around each twisting bend.

Il avança, bas et impatient, mais ne put gagner du terrain.

He pushed forward, low and eager, but could not gain ground.

Son corps brillait sous la lune pâle à chaque saut puissant.

His body flashed under the pale moon with each powerful leap.

Devant, le lapin se déplaçait comme un fantôme, silencieux et trop rapide pour être attrapé.

Ahead, the rabbit moved like a ghost, silent and too fast to catch.

Tous ces vieux instincts – la faim, le frisson – envahirent Buck.

All those old instincts—the hunger, the thrill—rushed through Buck.

Les humains ressentent parfois cet instinct et sont poussés à chasser avec une arme à feu et des balles.

Humans feel this instinct at times, driven to hunt with gun and bullet.

Mais Buck ressentait ce sentiment à un niveau plus profond et plus personnel.

But Buck felt this feeling on a deeper and more personal level.

Ils ne pouvaient pas ressentir la nature sauvage dans leur sang comme Buck pouvait la ressentir.

They could not feel the wild in their blood the way Buck could feel it.

Il chassait la viande vivante, prêt à tuer avec ses dents et à goûter le sang.

He chased living meat, ready to kill with his teeth and taste blood.

Son corps se tendait de joie, voulant se baigner dans la vie rouge et chaude.

His body strained with joy, wanting to bathe in warm red life.

Une joie étrange marque le point le plus élevé que la vie puisse atteindre.

A strange joy marks the highest point life can ever reach.

La sensation d'un pic où les vivants oublient même qu'ils sont en vie.

The feeling of a peak where the living forget they are even alive.

Cette joie profonde touche l'artiste perdu dans une inspiration fulgurante.

This deep joy touches the artist lost in blazing inspiration.

Cette joie saisit le soldat qui se bat avec acharnement et n'épargne aucun ennemi.

This joy seizes the soldier who fights wildly and spares no foe.

Cette joie s'empara alors de Buck alors qu'il menait la meute dans une faim primitive.

This joy now claimed Buck as he led the pack in primal hunger.

Il hurla avec le cri ancien du loup, ravi par la chasse vivante.

He howled with the ancient wolf-cry, thrilled by the living chase.

Buck a puisé dans la partie la plus ancienne de lui-même, perdue dans la nature.

Buck tapped into the oldest part of himself, lost in the wild.

Il a puisé au plus profond de lui-même, au-delà de la mémoire, dans le temps brut et ancien.

He reached deep within, past memory, into raw, ancient time.

Une vague de vie pure a traversé chaque muscle et chaque tendon.

A wave of pure life surged through every muscle and tendon.

Chaque saut criait qu'il vivait, qu'il traversait la mort.

Each leap shouted that he lived, that he moved through death.

Son corps s'élevait joyeusement au-dessus d'une terre calme et froide qui ne bougeait jamais.

His body soared joyfully over still, cold land that never stirred.

Spitz est resté froid et rusé, même dans ses moments les plus fous.

Spitz stayed cold and cunning, even in his wildest moments.

Il quitta le sentier et traversa un terrain où le ruisseau formait une large courbe.

He left the trail and crossed land where the creek curved wide.

Buck, inconscient de cela, resta sur le chemin sinueux du lapin.

Buck, unaware of this, stayed on the rabbit's winding path.

Puis, alors que Buck tournait un virage, le lapin fantomatique était devant lui.

Then, as Buck rounded a bend, the ghost-like rabbit was before him.

Il vit une deuxième silhouette sauter de la berge devant la proie.

He saw a second figure leap from the bank ahead of the prey.

La silhouette était celle d'un Spitz, atterrissant juste sur le chemin du lapin en fuite.

The figure was Spitz, landing right in the path of the fleeing rabbit.

Le lapin ne pouvait pas se retourner et a rencontré les mâchoires de Spitz en plein vol.

The rabbit could not turn and met Spitz's jaws in mid-air.

La colonne vertébrale du lapin se brisa avec un cri aussi aigu que le cri d'un humain mourant.

The rabbit's spine broke with a shriek as sharp as a dying human's cry.

À ce bruit – la chute de la vie à la mort – la meute hurla fort.

At that sound—the fall from life to death—the pack howled loud.

Un chœur sauvage s'éleva derrière Buck, plein de joie sombre.

A savage chorus rose from behind Buck, full of dark delight.

Buck n'a émis aucun cri, aucun son, et a chargé directement Spitz.

Buck gave no cry, no sound, and charged straight into Spitz.

Il a visé la gorge, mais a touché l'épaule à la place.

He aimed for the throat, but struck the shoulder instead.

Ils dégringolèrent dans la neige molle, leurs corps bloqués dans le combat.

They tumbled through soft snow; their bodies locked in combat.

Spitz se releva rapidement, comme s'il n'avait jamais été renversé.

Spitz sprang up quickly, as if never knocked down at all.

Il a entaillé l'épaule de Buck, puis s'est éloigné du combat.

He slashed Buck's shoulder, then leaped clear of the fight.

À deux reprises, ses dents claquèrent comme des pièges en acier, ses lèvres se retroussèrent et devinrent féroces.

Twice his teeth snapped like steel traps, lips curled and fierce.

Il recula lentement, cherchant un sol ferme sous ses pieds.

He backed away slowly, seeking firm ground under his feet.

Buck a compris le moment instantanément et pleinement.

Buck understood the moment instantly and fully.

Le moment était venu ; le combat allait être un combat à mort.

The time had come; the fight was going to be a fight to the death.

Les deux chiens tournaient en rond, grognant, les oreilles plates, les yeux plissés.

The two dogs circled, growling, ears flat, eyes narrowed.

Chaque chien attendait que l'autre montre une faiblesse ou fasse un faux pas.

Each dog waited for the other to show weakness or misstep.

Pour Buck, la scène semblait étrangement connue et profondément ancrée dans ses souvenirs.

To Buck, the scene felt eerily known and deeply remembered.

Les bois blancs, la terre froide, la bataille au clair de lune.

The white woods, the cold earth, the battle under moonlight.

Un silence pesant emplissait le pays, profond et contre nature.

A heavy silence filled the land, deep and unnatural.

Aucun vent ne soufflait, aucune feuille ne bougeait, aucun bruit ne brisait le silence.

No wind stirred, no leaf moved, no sound broke the stillness.

Le souffle des chiens s'élevait comme de la fumée dans l'air glacial et calme.

The dogs' breaths rose like smoke in the frozen, quiet air.

Le lapin a été depuis longtemps oublié par la meute de bêtes sauvages.

The rabbit was long forgotten by the pack of wild beasts.

Ces loups à moitié apprivoisés se tenaient maintenant immobiles dans un large cercle.

These half-tamed wolves now stood still in a wide circle.

Ils étaient silencieux, seuls leurs yeux brillants révélaient leur faim.

They were quiet, only their glowing eyes revealed their hunger.

Leur souffle s'éleva, regardant le combat final commencer.

Their breath drifted upward, watching the final fight begin.

Pour Buck, cette bataille était ancienne et attendue, pas du tout étrange.

To Buck, this battle was old and expected, not strange at all.

C'était comme un souvenir de quelque chose qui devait arriver depuis toujours.

It felt like a memory of something always meant to happen.

Le Spitz était un chien de combat entraîné, affiné par d'innombrables bagarres sauvages.

Spitz was a trained fighting dog, honed by countless wild brawls.

Du Spitzberg au Canada, il a vaincu de nombreux ennemis.

From Spitzbergen to Canada, he had mastered many foes.

Il était rempli de fureur, mais n'a jamais cédé au contrôle de la rage.

He was filled with fury, but never gave control to rage.

Sa passion était vive, mais toujours tempérée par un instinct dur.

His passion was sharp, but always tempered by hard instinct.

Il n'a jamais attaqué jusqu'à ce que sa propre défense soit en place.

He never attacked until his own defense was in place.

Buck a essayé encore et encore d'atteindre le cou vulnérable de Spitz.

Buck tried again and again to reach Spitz's vulnerable neck.

Mais chaque coup était accueilli par un coup des dents acérées de Spitz.

But every strike was met by a slash from Spitz's sharp teeth.

Leurs crocs se sont heurtés et les deux chiens ont saigné de leurs lèvres déchirées.

Their fangs clashed, and both dogs bled from torn lips.

Peu importe comment Buck s'est lancé, il n'a pas pu briser la défense.

No matter how Buck lunged, he couldn't break the defense.

Il devint de plus en plus furieux, se précipitant avec des explosions de puissance sauvages.

He grew more furious, rushing in with wild bursts of power.

À maintes reprises, Buck frappait la gorge blanche du Spitz.

Again and again, Buck struck for the white throat of Spitz.

À chaque fois, Spitz esquivait et riposta avec une morsure tranchante.

Each time Spitz evaded and struck back with a slicing bite.

Buck changea alors de tactique, se précipitant à nouveau comme pour atteindre la gorge.

Then Buck shifted tactics, rushing as if for the throat again.

Mais il s'est retiré au milieu de l'attaque, se tournant pour frapper sur le côté.

But he pulled back mid-attack, turning to strike from the side.

Il a lancé son épaule sur Spitz, dans le but de le faire tomber.

He threw his shoulder into Spitz, aiming to knock him down.

À chaque fois qu'il essayait, Spitz esquivait et ripostait avec une frappe.

Each time he tried, Spitz dodged and countered with a slash.

L'épaule de Buck était à vif alors que Spitz s'écartait après chaque coup.

Buck's shoulder grew raw as Spitz leapt clear after every hit.

Spitz n'avait pas été touché, tandis que Buck saignait de nombreuses blessures.

Spitz had not been touched, while Buck bled from many wounds.

La respiration de Buck était rapide et lourde, son corps était couvert de sang.

Buck's breath came fast and heavy, his body slick with blood.

Le combat devenait plus brutal à chaque morsure et à chaque charge.

The fight turned more brutal with each bite and charge.

Autour d'eux, soixante chiens silencieux attendaient le premier à tomber.

Around them, sixty silent dogs waited for the first to fall.

Si un chien tombait, la meute allait mettre fin au combat.

If one dog dropped, the pack were going to finish the fight.

Spitz vit Buck faiblir et commença à attaquer.

Spitz saw Buck weakening, and began to press the attack.

Il a maintenu Buck en déséquilibre, le forçant à lutter pour garder pied.

He kept Buck off balance, forcing him to fight for footing.

Un jour, Buck trébucha et tomba, et tous les chiens se relevèrent.

Once Buck stumbled and fell, and all the dogs rose up.

Mais Buck s'est redressé au milieu de sa chute, et tout le monde s'est affalé.

But Buck righted himself mid-fall, and everyone sank back down.

Buck avait quelque chose de rare : une imagination née d'un instinct profond.

Buck had something rare—imagination born from deep instinct.

Il combattait par instinct naturel, mais aussi par ruse.

He fought by natural drive, but he also fought with cunning.

Il chargea à nouveau comme s'il répétait son tour d'attaque à l'épaule.

He charged again as if repeating his shoulder attack trick.

Mais à la dernière seconde, il s'est laissé tomber et a balayé Spitz.

But at the last second, he dropped low and swept beneath Spitz.

Ses dents se sont bloquées sur la patte avant gauche de Spitz avec un claquement.

His teeth locked on Spitz's front left leg with a snap.

Spitz était maintenant instable, son poids reposant sur seulement trois pattes.

Spitz now stood unsteady, his weight on only three legs.

Buck frappa à nouveau, essaya trois fois de le faire tomber.

Buck struck again, tried three times to bring him down.

À la quatrième tentative, il a utilisé le même mouvement avec succès.

On the fourth attempt he used the same move with success

Cette fois, Buck a réussi à mordre la jambe droite du Spitz.

This time Buck managed to bite the right leg of Spitz.

Spitz, bien que paralysé et souffrant, continuait à lutter pour survivre.

Spitz, though crippled and in agony, kept struggling to survive.

Il vit le cercle de huskies se resserrer, la langue tirée, les yeux brillants.

He saw the circle of huskies tighten, tongues out, eyes glowing.

Ils attendaient de le dévorer, comme ils l'avaient fait pour les autres.

They waited to devour him, just as they had done to others.

Cette fois, il se tenait au centre, vaincu et condamné.

This time, he stood in the center; defeated and doomed.

Le chien blanc n'avait désormais plus aucune possibilité de s'échapper.

There was no option to escape for the white dog now.

Buck n'a montré aucune pitié, car la pitié n'avait pas sa place dans la nature.

Buck showed no mercy, for mercy did not belong in the wild.

Buck se déplaçait prudemment, se préparant à la charge finale.

Buck moved carefully, setting up for the final charge.

Le cercle des huskies se referma ; il sentit leur souffle chaud.

The circle of huskies closed in; he felt their warm breaths.

Ils s'accroupirent, prêts à bondir lorsque le moment viendrait.

They crouched low, prepared to spring when the moment came.

Spitz tremblait dans la neige, grognant et changeant de position.

Spitz quivered in the snow, snarling and shifting his stance.

Ses yeux brillaient, ses lèvres se courbaient, ses dents brillaient dans une menace désespérée.

His eyes glared, lips curled, teeth flashing in desperate threat.

Il tituba, essayant toujours de résister à la morsure froide de la mort.

He staggered, still trying to hold off the cold bite of death.

Il avait déjà vu cela auparavant, mais toujours du côté des gagnants.

He had seen this before, but always from the winning side.

Il était désormais du côté des perdants, des vaincus, de la proie, de la mort.

Now he was on the losing side; the defeated; the prey; death.

Buck tourna en rond pour porter le coup final, le cercle de chiens se rapprochant.

Buck circled for the final blow, the ring of dogs pressed closer.

Il pouvait sentir leur souffle chaud, prêt à tuer.

He could feel their hot breaths; ready for the kill.

Un silence s'installa ; tout était à sa place ; le temps s'était arrêté.

A stillness fell; all was in its place; time had stopped.

Même l'air froid entre eux se figea un dernier instant.

Even the cold air between them froze for one last moment.

Seul Spitz bougea, essayant de retenir sa fin amère.
Only Spitz moved, trying to hold off his bitter end.
Le cercle des chiens se refermait autour de lui, comme l'était son destin.
The circle of dogs was closing in around him, as was his destiny.
Il était désespéré maintenant, sachant ce qui allait se passer.
He was desperate now, knowing what was about to happen.
Buck bondit, épaule contre épaule une dernière fois.
Buck sprang in, shoulder met shoulder one last time.
Les chiens se sont précipités en avant, couvrant Spitz dans l'obscurité neigeuse.
The dogs surged forward, covering Spitz in the snowy dark.
Buck regardait, debout, le vainqueur dans un monde sauvage.
Buck watched, standing tall; the victor in a savage world.
La bête primordiale dominante avait fait sa proie, et c'était bien.
The dominant primordial beast had made its kill, and it was good.

Celui qui a gagné la maîtrise
He, Who Has Won to Mastership

« Hein ? Qu'est-ce que j'ai dit ? Je dis vrai quand je dis que Buck est un démon. »

"Eh? What did I say? I speak true when I say Buck is a devil."

François a dit cela le lendemain matin après avoir constaté la disparition de Spitz.

François said this the next morning after finding Spitz missing.

Buck se tenait là, couvert de blessures dues au combat acharné.

Buck stood there, covered with wounds from the vicious fight.

François tira Buck près du feu et lui montra les blessures.

François pulled Buck near the fire and pointed at the injuries.

« Ce Spitz s'est battu comme le Devik », dit Perrault en observant les profondes entailles.

"That Spitz fought like the Devik," said Perrault, eyeing the deep gashes.

« Et ce Buck s'est battu comme deux diables », répondit aussitôt François.

"And that Buck fought like two devils," François replied at once.

« Maintenant, nous allons faire du bon temps ; plus de Spitz, plus de problèmes. »

"Now we will make good time; no more Spitz, no more trouble."

Perrault préparait le matériel et chargeait le traîneau avec soin.

Perrault was packing the gear and loaded the sled with care.

François a attelé les chiens en prévision de la course du jour.

François harnessed the dogs in preparation for the day's run.

Buck a trotté directement vers la position de tête autrefois détenue par Spitz.

Buck trotted straight to the lead position once held by Spitz.

Mais François, sans s'en apercevoir, conduisit Solleks vers l'avant.

But François, not noticing, led Solleks forward to the front.

Aux yeux de François, Solleks était désormais le meilleur chien de tête.

In François's judgment, Solleks was now the best lead-dog.

Buck se jeta sur Solleks avec fureur et le repoussa en signe de protestation.

Buck sprang at Solleks in fury and drove him back in protest.

Il se tenait là où Spitz s'était autrefois tenu, revendiquant la position de leader.

He stood where Spitz once had stood, claiming the lead position.

« Hein ? Hein ? » s'écria François en se frappant les cuisses d'un air amusé.

"Eh? Eh?" cried François, slapping his thighs in amusement.

« Regardez Buck, il a tué Spitz, et maintenant il veut prendre le poste ! »

"Look at Buck—he killed Spitz, now he wants to take the job!"

« Va-t'en, Chook ! » cria-t-il, essayant de chasser Buck.

"Go away, Chook!" he shouted, trying to drive Buck away.

Mais Buck refusa de bouger et resta ferme dans la neige.

But Buck refused to move and stood firm in the snow.

François attrapa Buck par la peau du cou et le tira sur le côté.

François grabbed Buck by the scruff, dragging him aside.

Buck grogna bas et menaçant mais n'attaqua pas.

Buck growled low and threateningly but did not attack.

François a remis Solleks en tête, tentant de régler le différend

François put Solleks back in the lead, trying to settle the dispute

Le vieux chien avait peur de Buck et ne voulait pas rester.

The old dog showed fear of Buck and didn't want to stay.

Quand François lui tourna le dos, Buck chassa à nouveau Solleks.

When François turned his back, Buck drove Solleks out again.

Solleks n'a pas résisté et s'est discrètement écarté une fois de plus.

Solleks did not resist and quietly stepped aside once more.

François s'est mis en colère et a crié : « Par Dieu, je te répare ! »

François grew angry and shouted, "By God, I fix you!"

Il s'approcha de Buck en tenant une lourde massue à la main.

He came toward Buck holding a heavy club in his hand.

Buck se souvenait bien de l'homme au pull rouge.

Buck remembered the man in the red sweater well.

Il recula lentement, observant François, mais grognant profondément.

He retreated slowly, watching François, but growling deeply.

Il ne s'est pas précipité en arrière, même lorsque Solleks s'est levé à sa place.

He did not rush back, even when Solleks stood in his place.

Buck tourna en rond juste hors de portée, grognant de fureur et de protestation.

Buck circled just beyond reach, snarling in fury and protest.

Il gardait les yeux fixés sur le club, prêt à esquiver si François lançait.

He kept his eyes on the club, ready to dodge if François threw.

Il était devenu sage et prudent quant aux manières des hommes armés.

He had grown wise and wary in the ways of men with weapons.

François abandonna et rappela Buck à son ancienne place.

François gave up and called Buck to his former place again.

Mais Buck recula prudemment, refusant d'obéir à l'ordre.

But Buck stepped back cautiously, refusing to obey the order.

François le suivit, mais Buck ne recula que de quelques pas supplémentaires.

François followed, but Buck only retreated a few steps more.

Après un certain temps, François jeta l'arme par frustration.

After some time, François threw the weapon down in frustration.

Il pensait que Buck craignait d'être battu et qu'il allait venir tranquillement.

He thought Buck feared a beating and was going to come quietly.

Mais Buck n'évitait pas la punition : il se battait pour son rang.

But Buck wasn't avoiding punishment—he was fighting for rank.

Il avait gagné la place de chien de tête grâce à un combat à mort.

He had earned the lead-dog spot through a fight to the death

il n'allait pas se contenter de moins que d'être le leader.

he was not going to settle for anything less than being the leader.

Perrault a participé à la poursuite pour aider à attraper le Buck rebelle.

Perrault took a hand in the chase to help catch the rebellious Buck.

Ensemble, ils l'ont fait courir dans le camp pendant près d'une heure.

Together, they ran him around the camp for nearly an hour.

Ils lui lancèrent des coups de massue, mais Buck les esquiva habilement.

They hurled clubs at him, but Buck dodged each one skillfully.

Ils l'ont maudit, lui, ses ancêtres, ses descendants et chaque cheveu de sa personne.

They cursed him, his ancestors, his descendants, and every hair on him.

Mais Buck se contenta de gronder en retour et resta hors de leur portée.

But Buck only snarled back and stayed just out of their reach.

Il n'a jamais essayé de s'enfuir mais a délibérément tourné autour du camp.

He never tried to run away but circled the camp deliberately.

Il a clairement fait savoir qu'il obéirait une fois qu'ils lui auraient donné ce qu'il voulait.

He made it clear he was going to obey once they gave him what he wanted.

François s'est finalement assis et s'est gratté la tête avec frustration.

François finally sat down and scratched his head in frustration.

Perrault consulta sa montre, jura et marmonna à propos du temps perdu.

Perrault checked his watch, swore, and muttered about lost time.

Une heure s'était déjà écoulée alors qu'ils auraient dû être sur la piste.

An hour had already passed when they should have been on the trail.

François haussa les épaules d'un air penaud en direction du coursier, qui soupira de défaite.

François shrugged sheepishly at the courier, who sighed in defeat.

François se dirigea alors vers Solleks et appela Buck une fois de plus.

Then François walked to Solleks and called out to Buck once more.

Buck rit comme rit un chien, mais garda une distance prudente.

Buck laughed like a dog laughs, but kept his cautious distance.

François retira le harnais de Solleks et le remit à sa place.

François removed Solleks's harness and returned him to his spot.

L'équipe de traîneau était entièrement harnachée, avec seulement une place libre.

The sled team stood fully harnessed, with only one spot unfilled.

La position de tête est restée vide, clairement destinée à Buck seul.

The lead position remained empty, clearly meant for Buck alone.

François appela à nouveau, et à nouveau Buck rit et tint bon.

François called again, and again Buck laughed and held his ground.

« Jetez le club », ordonna Perrault sans hésitation.

"Throw down the club," Perrault ordered without hesitation.

François obéit et Buck trotta immédiatement en avant, fièrement.

François obeyed, and Buck immediately trotted forward proudly.

Il rit triomphalement et prit la tête.

He laughed triumphantly and stepped into the lead position.

François a sécurisé ses traces et le traîneau a été détaché.

François secured his traces, and the sled was broken loose.

Les deux hommes couraient côte à côte tandis que l'équipe s'engageait sur le sentier de la rivière.

Both men ran alongside as the team raced onto the river trail.

François avait une haute opinion des « deux diables » de Buck,

François had thought highly of Buck's "two devils,"

mais il s'est vite rendu compte qu'il avait en fait sous-estimé le chien.

but he soon realized he had actually underestimated the dog.

Buck a rapidement pris le leadership et a fait preuve d'excellence.

Buck quickly assumed leadership and performed with excellence.

En termes de jugement, de réflexion rapide et d'action, Buck a surpassé Spitz.

In judgment, quick thinking, and fast action, Buck surpassed Spitz.

François n'avait jamais vu un chien égal à celui que Buck présentait maintenant.

François had never seen a dog equal to what Buck now displayed.

Mais Buck excellait vraiment dans l'art de faire respecter l'ordre et d'imposer le respect.

But Buck truly excelled in enforcing order and commanding respect.

Dave et Solleks ont accepté le changement sans inquiétude ni protestation.

Dave and Solleks accepted the change without concern or protest.

Ils se concentraient uniquement sur le travail et tiraient fort sur les rênes.

They focused only on work and pulling hard in the reins.

Peu leur importait de savoir qui menait, tant que le traîneau continuait d'avancer.

They cared little who led, so long as the sled kept moving.

Billee, la joyeuse, aurait pu diriger pour autant qu'ils s'en soucient.

Billee, the cheerful one, could have led for all they cared.

Ce qui comptait pour eux, c'était la paix et l'ordre dans les rangs.

What mattered to them was peace and order in the ranks.

Le reste de l'équipe était devenu indiscipliné pendant le déclin de Spitz.

The rest of the team had grown unruly during Spitz's decline.

Ils furent choqués lorsque Buck les ramena immédiatement à l'ordre.

They were shocked when Buck immediately brought them to order.

Pike avait toujours été paresseux et traînait les pieds derrière Buck.

Pike had always been lazy and dragging his feet behind Buck.

Mais maintenant, il a été sévèrement discipliné par la nouvelle direction.

But now was sharply disciplined by the new leadership.

Et il a rapidement appris à faire sa part dans l'équipe.

And he quickly learned to pull his weight in the team.

À la fin de la journée, Pike avait travaillé plus dur que jamais.

By the end of the day, Pike worked harder than ever before.

Cette nuit-là, au camp, Joe, le chien aigri, fut finalement maîtrisé.

That night in camp, Joe, the sour dog, was finally subdued.

Spitz n'avait pas réussi à le discipliner, mais Buck n'avait pas échoué.

Spitz had failed to discipline him, but Buck did not fail.

Grâce à son poids plus important, Buck a vaincu Joe en quelques secondes.

Using his greater weight, Buck overwhelmed Joe in seconds.

Il a mordu et battu Joe jusqu'à ce qu'il gémisse et cesse de résister.

He bit and battered Joe until he whimpered and ceased resisting.

Toute l'équipe s'est améliorée à partir de ce moment-là.

The whole team improved from that moment on.

Les chiens ont retrouvé leur ancienne unité et leur discipline.

The dogs regained their old unity and discipline.

À Rink Rapids, deux nouveaux huskies indigènes, Teek et Koona, nous ont rejoint.

At Rink Rapids, two new native huskies, Teek and Koona, joined.

La rapidité avec laquelle Buck les dressa étonna même François.

Buck's swift training of them astonished even François.

« Il n'y a jamais eu de chien comme ce Buck ! » s'écria-t-il avec stupéfaction.

"Never was there such a dog as that Buck!" he cried in amazement.

« Non, jamais ! Il vaut mille dollars, bon sang ! »

"No, never! He's worth one thousand dollars, by God!"

« Hein ? Qu'en dis-tu, Perrault ? » demanda-t-il avec fierté.

"Eh? What do you say, Perrault?" he asked with pride.

Perrault hocha la tête en signe d'accord et vérifia ses notes.

Perrault nodded in agreement and checked his notes.

Nous sommes déjà en avance sur le calendrier et gagnons chaque jour davantage.

We're already ahead of schedule and gaining more each day.

Le sentier était dur et lisse, sans neige fraîche.

The trail was hard-packed and smooth, with no fresh snow.

Le froid était constant, oscillant autour de cinquante degrés en dessous de zéro.

The cold was steady, hovering at fifty below zero throughout.

Les hommes montaient et couraient à tour de rôle pour se réchauffer et gagner du temps.

The men rode and ran in turns to keep warm and make time.

Les chiens couraient vite avec peu d'arrêts, poussant toujours vers l'avant.

The dogs ran fast with few stops, always pushing forward.

La rivière Thirty Mile était en grande partie gelée et facile à traverser.

The Thirty Mile River was mostly frozen and easy to travel across.

Ils sont sortis en un jour, ce qui leur avait pris dix jours pour venir.

They went out in one day what had taken ten days coming in.

Ils ont parcouru une distance de soixante milles du lac Le Barge jusqu'à White Horse.

They made a sixty-mile dash from Lake Le Barge to White Horse.

À travers les lacs Marsh, Tagish et Bennett, ils se déplaçaient incroyablement vite.

Across Marsh, Tagish, and Bennett Lakes they moved incredibly fast.

L'homme qui courait était tiré derrière le traîneau par une corde.

The running man towed behind the sled on a rope.

La dernière nuit de la deuxième semaine, ils sont arrivés à destination.

On the last night of week two they got to their destination.

Ils avaient atteint ensemble le sommet du col White.

They had reached the top of White Pass together.

Ils sont descendus au niveau de la mer avec les lumières de Skaguay en dessous d'eux.

They dropped down to sea level with Skaguay's lights below them.

Il s'agissait d'une course record à travers des kilomètres de nature froide et sauvage.

It had been a record-setting run across miles of cold wilderness.

Pendant quatorze jours d'affilée, ils ont parcouru en moyenne quarante miles.

For fourteen days straight, they averaged a strong forty miles.

À Skaguay, Perrault et François transportaient des marchandises à travers la ville.

In Skaguay, Perrault and François moved cargo through town.

Ils ont été acclamés et ont reçu de nombreuses boissons de la part d'une foule admirative.

They were cheered and offered many drinks by admiring crowds.

Les chasseurs de chiens et les ouvriers se sont rassemblés autour du célèbre attelage de chiens.

Dog-busters and workers gathered around the famous dog team.

Puis les hors-la-loi de l'Ouest arrivèrent en ville et subirent une violente défaite.

Then western outlaws came to town and met violent defeat.

Les gens ont vite oublié l'équipe et se sont concentrés sur un nouveau drame.

The people soon forgot the team and focused on new drama.

Puis sont arrivées les nouvelles commandes qui ont tout changé d'un coup.

Then came the new orders that changed everything at once.

François appela Buck à lui et le serra dans ses bras avec une fierté larmoyante.

François called Buck to him and hugged him with tearful pride.

Ce moment fut la dernière fois que Buck revit François.

That moment was the last time Buck ever saw François again.

Comme beaucoup d'hommes avant eux, François et Perrault étaient tous deux partis.

Like many men before, both François and Perrault were gone.

Un métis écossais a pris en charge Buck et ses coéquipiers de chiens de traîneau.

A Scotch half-breed took charge of Buck and his sled dog teammates.

Avec une douzaine d'autres équipes de chiens, ils sont retournés par le sentier jusqu'à Dawson.

With a dozen other dog teams, they returned along the trail to Dawson.

Ce n'était plus une course rapide, juste un travail pénible avec une lourde charge chaque jour.

It was no fast run now—just heavy toil with a heavy load each day.

C'était le train postal qui apportait des nouvelles aux chercheurs d'or près du pôle.

This was the mail train, bringing word to gold hunters near the Pole.

Buck n'aimait pas le travail mais le supportait bien, étant fier de ses efforts.

Buck disliked the work but bore it well, taking pride in his effort.

Comme Dave et Solleks, Buck a fait preuve de dévouement dans chaque tâche quotidienne.

Like Dave and Solleks, Buck showed devotion to every daily task.

Il s'est assuré que chacun de ses coéquipiers fasse sa part du travail.

He made sure his teammates each pulled their fair weight.

La vie sur les sentiers est devenue ennuyeuse, répétée avec la précision d'une machine.

Trail life became dull, repeated with the precision of a machine.

Chaque jour était le même, un matin se fondant dans le suivant.

Each day felt the same, one morning blending into the next.

À la même heure, les cuisiniers se levèrent pour allumer des feux et préparer la nourriture.

At the same hour, the cooks rose to build fires and prepare food.

Après le petit-déjeuner, certains quittèrent le camp tandis que d'autres attelèrent les chiens.

After breakfast, some left camp while others harnessed the dogs.

Ils ont pris la route avant que le faible avertissement de l'aube ne touche le ciel.

They hit the trail before the dim warning of dawn touched the sky.

La nuit, ils s'arrêtaient pour camper, chaque homme ayant une tâche précise.

At night, they stopped to make camp, each man with a set duty.

Certains ont monté les tentes, d'autres ont coupé du bois de chauffage et ramassé des branches de pin.

Some pitched the tents, others cut firewood and gathered pine boughs.

De l'eau ou de la glace étaient ramenées aux cuisiniers pour le repas du soir.

Water or ice was carried back to the cooks for the evening meal.

Les chiens ont été nourris et c'était le meilleur moment de la journée pour eux.

The dogs were fed, and this was the best part of the day for them.

Après avoir mangé du poisson, les chiens se sont détendus et se sont allongés près du feu.

After eating fish, the dogs relaxed and lounged near the fire.

Il y avait une centaine d'autres chiens dans le convoi avec lesquels se mêler.

There were a hundred other dogs in the convoy to mingle with.

Beaucoup de ces chiens étaient féroces et prompts à se battre sans prévenir.

Many of those dogs were fierce and quick to fight without warning.

Mais après trois victoires, Buck a maîtrisé même les combattants les plus féroces.

But after three wins, Buck mastered even the fiercest fighters.

Maintenant, quand Buck grogna et montra ses dents, ils s'écartèrent.

Now when Buck growled and showed his teeth, they stepped aside.

Mais le plus beau dans tout ça, c'est que Buck aimait s'allonger près du feu de camp vacillant.

Perhaps best of all, Buck loved lying near the flickering campfire.

Il s'accroupit, les pattes arrière repliées et les pattes avant tendues vers l'avant.

He crouched with hind legs tucked and front legs stretched ahead.

Sa tête était levée tandis qu'il cligna doucement des yeux devant les flammes rougeoyantes.

His head was raised as he blinked softly at the glowing flames.

Parfois, il se souvenait de la grande maison du juge Miller à Santa Clara.

Sometimes he recalled Judge Miller's big house in Santa Clara.

Il pensait à la piscine en ciment, à Ysabel et au carlin appelé Toots.

He thought of the cement pool, of Ysabel, and the pug called Toots.

Mais le plus souvent, il se souvenait du club de l'homme au pull rouge.

But more often he remembered the man with the red sweater's club.

Il se souvenait de la mort de Curly et de sa bataille acharnée contre Spitz.

He remembered Curly's death and his fierce battle with Spitz.

Il se souvenait aussi des bons plats qu'il avait mangés ou dont il rêvait encore.

He also recalled the good food he had eaten or still dreamed of.

Buck n'avait pas le mal du pays : la vallée chaude était lointaine et irréelle.

Buck was not homesick—the warm valley was distant and unreal.

Les souvenirs de Californie n'avaient plus vraiment d'influence sur lui.

Memories of California no longer held any real pull over him.

Plus forts que la mémoire étaient les instincts profondément ancrés dans sa lignée.

Stronger than memory were instincts deep in his bloodline.

Les habitudes autrefois perdues étaient revenues, ravivées par le sentier et la nature sauvage.

Habits once lost had returned, revived by the trail and the wild.

Tandis que Buck regardait la lumière du feu, cela devenait parfois autre chose.

As Buck watched the firelight, it sometimes became something else.

Il vit à la lueur du feu un autre feu, plus vieux et plus profond que celui-ci.

He saw in the firelight another fire, older and deeper than the present one.

À côté de cet autre feu se tenait accroupi un homme qui ne ressemblait pas au cuisinier métis.

Beside that other fire crouched a man unlike the half-breed cook.

Cette figurine avait des jambes courtes, de longs bras et des muscles durs et noués.

This figure had short legs, long arms, and hard, knotted muscles.

Ses cheveux étaient longs et emmêlés, tombant en arrière à partir des yeux.

His hair was long and matted, sloping backward from the eyes.

Il émit des sons étranges et regarda l'obscurité avec peur.

He made strange sounds and stared out in fear at the darkness.

Il tenait une massue en pierre basse, fermement serrée dans sa longue main rugueuse.

He held a stone club low, gripped tightly in his long rough hand.

L'homme portait peu de vêtements ; juste une peau carbonisée qui pendait dans son dos.

The man wore little; just a charred skin that hung down his back.

Son corps était couvert de poils épais sur les bras, la poitrine et les cuisses.

His body was covered with thick hair across arms, chest, and thighs.

Certaines parties des cheveux étaient emmêlées en plaques de fourrure rugueuse.

Some parts of the hair were tangled into patches of rough fur.

Il ne se tenait pas droit mais penché en avant des hanches jusqu'aux genoux.

He did not stand straight but bent forward from the hips to knees.

Ses pas étaient élastiques et félins, comme s'il était toujours prêt à bondir.

His steps were springy and catlike, as if always ready to leap.

Il y avait une vive vigilance, comme s'il vivait dans une peur constante.

There was a sharp alertness, like he lived in constant fear.

Cet homme ancien semblait s'attendre au danger, que le danger soit perçu ou non.

This ancient man seemed to expect danger, whether the danger was seen or not.

Parfois, l'homme poilu dormait près du feu, la tête entre les jambes.

At times the hairy man slept by the fire, head tucked between legs.

Ses coudes reposaient sur ses genoux, ses mains jointes au-dessus de sa tête.

His elbows rested on his knees, hands clasped above his head.

Comme un chien, il utilisait ses bras velus pour se débarrasser de la pluie qui tombait.

Like a dog he used his hairy arms to shed off the falling rain.

Au-delà de la lumière du feu, Buck vit deux charbons jumeaux briller dans l'obscurité.

Beyond the firelight, Buck saw twin coals glowing in the dark.

Toujours deux par deux, ils étaient les yeux des bêtes de proie traquantes.

Always two by two, they were the eyes of stalking beasts of prey.

Il entendit des corps s'écraser à travers les broussailles et des bruits se faire entendre dans la nuit.

He heard bodies crash through brush and sounds made in the night.

Allongé sur la rive du Yukon, clignant des yeux, Buck rêvait près du feu.

Lying on the Yukon bank, blinking, Buck dreamed by the fire.

Les images et les sons de ce monde sauvage lui faisaient dresser les cheveux sur la tête.

The sights and sounds of that wild world made his hair stand up.

La fourrure s'élevait le long de son dos, de ses épaules et de son cou.

The fur rose along his back, his shoulders, and up his neck.

Il gémissait doucement ou émettait un grognement sourd au plus profond de sa poitrine.

He whimpered softly or gave a low growl deep in his chest.

Alors le cuisinier métis cria : « Hé, toi Buck, réveille-toi ! »

Then the half-breed cook shouted, "Hey, you Buck, wake up!"

Le monde des rêves a disparu et la vraie vie est revenue aux yeux de Buck.

The dream world vanished, and real life returned to Buck's eyes.

Il allait se lever, s'étirer et bâiller, comme s'il venait de se réveiller d'une sieste.

He was going to get up, stretch, and yawn, as if woken from a nap.

Le voyage était difficile, avec le traîneau postal qui traînait derrière eux.

The trip was hard, with the mail sled dragging behind them.

Les lourdes charges et le travail pénible épuisaient les chiens à chaque longue journée.

Heavy loads and tough work wore down the dogs each long day.

Ils arrivèrent à Dawson maigres, fatigués et ayant besoin de plus d'une semaine de repos.

They reached Dawson thin, tired, and needing over a week's rest.

Mais seulement deux jours plus tard, ils repartaient sur le Yukon.

But only two days later, they set out down the Yukon again.

Ils étaient chargés de lettres supplémentaires destinées au monde extérieur.

They were loaded with more letters bound for the outside world.

Les chiens étaient épuisés et les hommes se plaignaient constamment.

The dogs were exhausted and the men were complaining constantly.

La neige tombait tous les jours, ramollissant le sentier et ralentissant les traîneaux.

Snow fell every day, softening the trail and slowing the sleds.

Cela a rendu la traction plus difficile et a entraîné plus de traînée sur les patins.

This made for harder pulling and more drag on the runners.

Malgré cela, les pilotes étaient justes et se souciaient de leurs équipes.

Despite that, the drivers were fair and cared for their teams.

Chaque nuit, les chiens étaient nourris avant que les hommes ne puissent manger.

Each night, the dogs were fed before the men got to eat.

Aucun homme ne dormait avant de vérifier les pattes de son propre chien.

No man slept before checking the feet of his own dog's.

Cependant, les chiens s'affaiblissaient à mesure que les kilomètres s'écoulaient sur leur corps.

Still, the dogs grew weaker as the miles wore on their bodies.

Ils avaient parcouru mille huit cents kilomètres pendant l'hiver.

They had traveled eighteen hundred miles through the winter.

Ils ont tiré des traîneaux sur chaque kilomètre de cette distance brutale.

They pulled sleds across every mile of that brutal distance.

Même les chiens de traîneau les plus robustes ressentent de la tension après tant de kilomètres.

Even the toughest sled dogs feel strain after so many miles.

Buck a tenu bon, a permis à son équipe de travailler et a maintenu la discipline.

Buck held on, kept his team working, and maintained discipline.

Mais Buck était fatigué, tout comme les autres pendant le long voyage.

But Buck was tired, just like the others on the long journey.

Billee gémissait et pleurait dans son sommeil chaque nuit sans faute.

Billee whimpered and cried in his sleep each night without fail.

Joe devint encore plus amer et Solleks resta froid et distant.

Joe grew even more bitter, and Solleks stayed cold and distant.

Mais c'est Dave qui a le plus souffert de toute l'équipe.

But it was Dave who suffered the worst out of the entire team.

Quelque chose n'allait pas en lui, même si personne ne savait quoi.

Something had gone wrong inside him, though no one knew what.

Il est devenu de plus en plus maussade et s'en est pris aux autres avec une colère croissante.

He became moodier and snapped at others with growing anger.

Chaque nuit, il se rendait directement à son nid, attendant d'être nourri.

Each night he went straight to his nest, waiting to be fed.

Une fois tombé, Dave ne s'est pas relevé avant le matin.

Once he was down, Dave did not get up again till morning.

Sur les rênes, des secousses ou des sursauts brusques le faisaient crier de douleur.

On the reins, sudden jerks or starts made him cry out in pain.

Son chauffeur a recherché la cause du sinistre, mais n'a constaté aucune blessure.

His driver searched for the cause, but found no injury on him.

Tous les conducteurs ont commencé à regarder Dave et ont discuté de son cas.

All the drivers began watching Dave and discussed his case.

Ils ont discuté pendant les repas et pendant leur dernière cigarette de la journée.

They talked at meals and during their final smoke of the day.

Une nuit, ils ont tenu une réunion et ont amené Dave au feu.

One night they held a meeting and brought Dave to the fire.

Ils pressèrent et sondèrent son corps, et il cria souvent.

They pressed and probed his body, and he cried out often.

De toute évidence, quelque chose n'allait pas, même si aucun os ne semblait cassé.

Clearly, something was wrong, though no bones seemed broken.

Au moment où ils atteignirent Cassiar Bar, Dave était en train de tomber.

By the time they reached Cassiar Bar, Dave was falling down.

Le métis écossais a appelé à la fin et a retiré Dave de l'équipe.

The Scotch half-breed called a halt and removed Dave from the team.

Il a attaché Solleks à la place de Dave, le plus près de l'avant du traîneau.

He fastened Solleks in Dave's place, closest to the sled's front.

Il avait l'intention de laisser Dave se reposer et courir librement derrière le traîneau en mouvement.

He meant to let Dave rest and run free behind the moving sled.

Mais même malade, Dave détestait être privé du travail qu'il avait occupé.

But even sick, Dave hated being taken from the job he had owned.

Il grogna et gémit tandis que les rênes étaient retirées de son corps.

He growled and whimpered as the reins were pulled from his body.

Quand il vit Solleks à sa place, il pleura de douleur.

When he saw Solleks in his place, he cried with broken-hearted pain.

La fierté du travail sur les sentiers était profonde chez Dave, même à l'approche de la mort.

The pride of trail work was deep in Dave, even as death approached.

Alors que le traîneau se déplaçait, Dave pataugeait dans la neige molle près du sentier.

As the sled moved, Dave floundered through soft snow near the trail.

Il a attaqué Solleks, le mordant et le poussant du côté du traîneau.

He attacked Solleks, biting and pushing him from the sled's side.

Dave a essayé de sauter dans le harnais et de récupérer sa place de travail.

Dave tried to leap into the harness and reclaim his working spot.

Il hurlait, gémissait et pleurait, déchiré entre la douleur et la fierté du travail.

He yelped, whined, and cried, torn between pain and pride in labor.

Le métis a utilisé son fouet pour essayer de chasser Dave de l'équipe.

The half-breed used his whip to try driving Dave away from the team.

Mais Dave ignora le coup de fouet, et l'homme ne put pas le frapper plus fort.

But Dave ignored the lash, and the man couldn't strike him harder.

Dave a refusé le chemin le plus facile derrière le traîneau, où la neige était tassée.

Dave refused the easier path behind the sled, where snow was packed.

Au lieu de cela, il se débattait dans la neige profonde à côté du sentier, dans la misère.

Instead, he struggled in the deep snow beside the trail, in misery.

Finalement, Dave s'est effondré, allongé dans la neige et hurlant de douleur.

Eventually, Dave collapsed, lying in the snow and howling in pain.

Il cria tandis que le long train de traîneaux le dépassait un par un.

He cried out as the long train of sleds passed him one by one.

Pourtant, avec ce qu'il lui restait de force, il se leva et trébucha après eux.

Still, with what strength remained, he rose and stumbled after them.

Il l'a rattrapé lorsque le train s'est arrêté à nouveau et a retrouvé son vieux traîneau.

He caught up when the train stopped again and found his old sled.

Il a dépassé les autres équipes et s'est retrouvé à nouveau aux côtés de Solleks.

He floundered past the other teams and stood beside Solleks again.

Alors que le conducteur s'arrêtait pour allumer sa pipe, Dave saisit sa dernière chance.

As the driver paused to light his pipe, Dave took his last chance.

Lorsque le chauffeur est revenu et a crié, l'équipe n'a pas avancé.

When the driver returned and shouted, the team didn't move forward.

Les chiens avaient tourné la tête, déconcertés par l'arrêt soudain.

The dogs had turned their heads, confused by the sudden stoppage.

Le conducteur était également choqué : le traîneau n'avait pas avancé d'un pouce.

The driver was shocked too—the sled hadn't moved an inch forward.

Il a appelé les autres pour qu'ils viennent voir ce qui s'était passé.

He called out to the others to come and see what had happened.

Dave avait mâché les rênes de Solleks, les brisant toutes les deux.

Dave had chewed through Solleks's reins, breaking both apart.

Il se tenait maintenant devant le traîneau, de retour à sa position légitime.

Now he stood in front of the sled, back in his rightful position.

Dave leva les yeux vers le conducteur, le suppliant silencieusement de rester dans les traces.

Dave looked up at the driver, silently pleading to stay in the traces.

Le conducteur était perplexe, ne sachant pas quoi faire pour le chien en difficulté.

The driver was puzzled, unsure of what to do for the struggling dog.

Les autres hommes parlaient de chiens qui étaient morts après avoir été emmenés dehors.

The other men spoke of dogs who had died from being taken out.

Ils ont parlé de chiens âgés ou blessés dont le cœur se brisait lorsqu'ils étaient abandonnés.

They told of old or injured dogs whose hearts broke when left behind.

Ils ont convenu que c'était une preuve de miséricorde de laisser Dave mourir alors qu'il était encore dans son harnais.

They agreed it was mercy to let Dave die while still in his harness.

Il était attaché au traîneau et Dave tirait avec fierté.

He was fastened back onto the sled, and Dave pulled with pride.

Même s'il criait parfois, il travaillait comme si la douleur pouvait être ignorée.

Though he cried out at times, he worked as if pain could be ignored.

Plus d'une fois, il est tombé et a été traîné avant de se relever.

More than once he fell and was dragged before rising again.

Un jour, le traîneau l'a écrasé et il a boité à partir de ce moment-là.

Once, the sled rolled over him, and he limped from that moment on.

Il travailla néanmoins jusqu'à ce qu'il atteigne le camp, puis s'allongea près du feu.

Still, he worked until camp was reached, and then lay by the fire.

Le matin, Dave était trop faible pour voyager ou même se tenir debout.

By morning, Dave was too weak to travel or even stand upright.

Au moment de l'attelage, il essaya d'atteindre son conducteur avec un effort tremblant.

At harness-up time, he tried to reach his driver with trembling effort.

Il se força à se relever, tituba et s'effondra sur le sol enneigé.

He forced himself up, staggered, and collapsed onto the snowy ground.

À l'aide de ses pattes avant, il a traîné son corps vers la zone de harnais.

Using his front legs, he dragged his body toward the harnessing area.

Il s'avança, pouce par pouce, vers les chiens de travail.

He hitched himself forward, inch by inch, toward the working dogs.

Ses forces l'abandonnèrent, mais il continua d'avancer dans sa dernière poussée désespérée.

His strength gave out, but he kept moving in his last desperate push.

Ses coéquipiers l'ont vu haleter dans la neige, impatients de les rejoindre.

His teammates saw him gasping in the snow, still longing to join them.

Ils l'entendirent hurler de tristesse alors qu'ils quittaient le camp.

They heard him howling with sorrow as they left the camp behind.

Alors que l'équipe disparaissait dans les arbres, le cri de Dave résonna derrière eux.

As the team vanished into trees, Dave's cry echoed behind them.

Le train de traîneaux s'est brièvement arrêté après avoir traversé un tronçon de forêt fluviale.

The sled train halted briefly after crossing a stretch of river timber.

Le métis écossais retourna lentement vers le camp situé derrière lui.

The Scotch half-breed walked slowly back toward the camp behind.

Les hommes ont arrêté de parler quand ils l'ont vu quitter le train de traîneaux.

The men stopped speaking when they saw him leave the sled train.

Puis un coup de feu retentit clairement et distinctement de l'autre côté du sentier.

Then a single gunshot rang out clear and sharp across the trail.

L'homme revint rapidement et reprit sa place sans un mot.

The man returned quickly and took up his place without a word.

Les fouets claquaient, les cloches tintaient et les traîneaux roulaient dans la neige.

Whips cracked, bells jingled, and the sleds rolled on through snow.

Mais Buck savait ce qui s'était passé, et tous les autres chiens aussi.

But Buck knew what had happened—and so did every other dog.

Le travail des rênes et du sentier
The Toil of Reins and Trail

Trente jours après avoir quitté Dawson, le Salt Water Mail atteignit Skaguay.
Thirty days after leaving Dawson, the Salt Water Mail reached Skaguay.
Buck et ses coéquipiers ont pris la tête, arrivant dans un état pitoyable.
Buck and his teammates pulled the lead, arriving in pitiful condition.
Buck était passé de cent quarante à cent quinze livres.
Buck had dropped from one hundred forty to one hundred fifteen pounds.
Les autres chiens, bien que plus petits, avaient perdu encore plus de poids.
The other dogs, though smaller, had lost even more body weight.
Pike, autrefois un faux boiteux, traînait désormais derrière lui une jambe véritablement blessée.
Pike, once a fake limper, now dragged a truly injured leg behind him.
Solleks boitait beaucoup et Dub avait une omoplate déchirée.
Solleks was limping badly, and Dub had a wrenched shoulder blade.
Tous les chiens de l'équipe avaient mal aux pieds après des semaines passées sur le sentier gelé.
Every dog in the team was footsore from weeks on the frozen trail.
Ils n'avaient plus aucun ressort dans leurs pas, seulement un mouvement lent et traînant.
They had no spring left in their steps, only slow, dragging motion.
Leurs pieds heurtent durement le sentier, chaque pas ajoutant plus de tension à leur corps.

Their feet hit the trail hard, each step adding more strain to their bodies.

Ils n'étaient pas malades, seulement épuisés au-delà de toute guérison naturelle.

They were not sick, only drained beyond all natural recovery.

Ce n'était pas la fatigue d'une dure journée, guérie par une nuit de repos.

This was not tiredness from one hard day, cured with a night's rest.

C'était un épuisement qui s'était construit lentement au fil de mois d'efforts épuisants.

It was exhaustion built slowly through months of grueling effort.

Il ne leur restait plus aucune force de réserve : ils avaient épuisé toutes leurs forces.

No reserve strength remained—they had used up every bit they had.

Chaque muscle, chaque fibre et chaque cellule de leur corps étaient épuisés et usés.

Every muscle, fiber, and cell in their bodies was spent and worn.

Et il y avait une raison : ils avaient parcouru deux mille cinq cents kilomètres.

And there was a reason—they had covered twenty-five hundred miles.

Ils ne s'étaient reposés que cinq jours au cours des mille huit cents derniers kilomètres.

They had rested only five days during the last eighteen hundred miles.

Lorsqu'ils arrivèrent à Skaguay, ils semblaient à peine capables de se tenir debout.

When they reached Skaguay, they looked barely able to stand upright.

Ils ont lutté pour garder les rênes serrées et rester devant le traîneau.

They struggled to keep the reins tight and stay ahead of the sled.

Dans les descentes, ils ont tout juste réussi à éviter d'être écrasés.

On downhill slopes, they only managed to avoid being run over.

« Continuez, pauvres pieds endoloris », dit le chauffeur tandis qu'ils boitaient.

"March on, poor sore feet," the driver said as they limped along.

« C'est la dernière ligne droite, après quoi nous aurons tous droit à un long repos, c'est sûr. »

"This is the last stretch, then we all get one long rest, for sure."

« Un très long repos », promit-il en les regardant avancer en titubant.

"One truly long rest," he promised, watching them stagger forward.

Les pilotes s'attendaient à bénéficier d'une longue pause bien méritée.

The drivers expected they were going to now get a long, needed break.

Ils avaient parcouru douze cents milles avec seulement deux jours de repos.

They had traveled twelve hundred miles with only two days' rest.

Par souci d'équité et de raison, ils estimaient avoir mérité un temps de détente.

By fairness and reason, they felt they had earned time to relax.

Mais trop de gens étaient venus au Klondike et trop peu étaient restés chez eux.

But too many had come to the Klondike, and too few had stayed home.

Les lettres des familles ont afflué, créant des piles de courrier en retard.

Letters from families flooded in, creating piles of delayed mail.

Les ordres officiels sont arrivés : de nouveaux chiens de la Baie d'Hudson allaient prendre le relais.

Official orders arrived—new Hudson Bay dogs were going to take over.

Les chiens épuisés, désormais considérés comme sans valeur, devaient être éliminés.

The exhausted dogs, now called worthless, were to be disposed of.

Comme l'argent comptait plus que les chiens, ils allaient être vendus à bas prix.

Since money mattered more than dogs, they were going to be sold cheaply.

Trois jours supplémentaires passèrent avant que les chiens ne ressentent à quel point ils étaient faibles.

Three more days passed before the dogs felt just how weak they were.

Le quatrième matin, deux hommes venus des États-Unis ont acheté toute l'équipe.

On the fourth morning, two men from the States bought the whole team.

La vente comprenait tous les chiens, ainsi que leur harnais usagé.

The sale included all the dogs, plus their worn harness gear.

Les hommes s'appelaient mutuellement « Hal » et « Charles » lorsqu'ils concluaient l'affaire.

The men called each other "Hal" and "Charles" as they completed the deal.

Charles était d'âge moyen, pâle, avec des lèvres molles et des pointes de moustache féroces.

Charles was middle-aged, pale, with limp lips and fierce mustache tips.

Hal était un jeune homme, peut-être âgé de dix-neuf ans, portant une ceinture bourrée de cartouches.

Hal was a young man, maybe nineteen, wearing a cartridge-stuffed belt.

La ceinture contenait un gros revolver et un couteau de chasse, tous deux inutilisés.

The belt held a big revolver and a hunting knife, both unused.

Cela a montré à quel point il était inexpérimenté et inapte à la vie dans le Nord.

It showed how inexperienced and unfit he was for northern life.

Aucun des deux hommes n'appartenait à la nature sauvage ; leur présence défiait toute raison.

Neither man belonged in the wild; their presence defied all reason.

Buck a regardé l'argent échanger des mains entre l'acheteur et l'agent.

Buck watched as money exchanged hands between buyer and agent.

Il savait que les conducteurs du train postal allaient le quitter comme les autres.

He knew the mail-train drivers were leaving his life like the rest.

Ils suivirent Perrault et François, désormais irrévocables.

They followed Perrault and François, now gone beyond recall.

Buck et l'équipe ont été conduits dans le camp négligé de leurs nouveaux propriétaires.

Buck and the team were led to their new owners' sloppy camp.

La tente s'affaissait, la vaisselle était sale et tout était en désordre.

The tent sagged, dishes were dirty, and everything lay in disarray.

Buck remarqua également une femme : Mercedes, la femme de Charles et la sœur de Hal.

Buck noticed a woman there too—Mercedes, Charles's wife and Hal's sister.

Ils formaient une famille complète, bien que loin d'être adaptée au sentier.

They made a complete family, though far from suited to the trail.

Buck regarda nerveusement le trio commencer à emballer les fournitures.

Buck watched nervously as the trio started packing the supplies.

Ils ont travaillé dur mais sans ordre, juste du grabuge et des efforts gaspillés.

They worked hard but without order—just fuss and wasted effort.

La tente a été roulée dans une forme volumineuse, beaucoup trop grande pour le traîneau.

The tent was rolled into a bulky shape, far too large for the sled.

La vaisselle sale a été emballée sans avoir été nettoyée ni séchée du tout.

Dirty dishes were packed without being cleaned or dried at all.

Mercedes voltigeait, parlant constamment, corrigeant et intervenant.

Mercedes fluttered about, constantly talking, correcting, and meddling.

Lorsqu'un sac était placé à l'avant, elle insistait pour qu'il soit placé à l'arrière.

When a sack was placed on front, she insisted it go on the back.

Elle a mis le sac au fond, et l'instant d'après, elle en avait besoin.

She packed the sack in the bottom, and the next moment she needed it.

Le traîneau a donc été déballé à nouveau pour atteindre le sac spécifique.

So the sled was unpacked again to reach the one specific bag.

À proximité, trois hommes se tenaient devant une tente, observant la scène se dérouler.

Nearby, three men stood outside a tent, watching the scene unfold.

Ils souriaient, faisaient des clins d'œil et souriaient à la confusion évidente des nouveaux arrivants.

They smiled, winked, and grinned at the newcomers' obvious confusion.

« Vous avez déjà une charge très lourde », dit l'un des hommes.

"You've got a right heavy load already," said one of the men.

« Je ne pense pas que tu devrais porter cette tente, mais c'est ton choix. »

"I don't think you should carry that tent, but it's your choice."

« Inimaginable ! » s'écria Mercedes en levant les mains de désespoir.

"Undreamed of!" cried Mercedes, throwing up her hands in despair.

« Comment pourrais-je voyager sans une tente sous laquelle dormir ? »

"How could I possibly travel without a tent to stay under?"

« C'est le printemps, vous ne verrez plus jamais de froid », répondit l'homme.

"It's springtime—you won't see cold weather again," the man replied.

Mais elle secoua la tête et ils continuèrent à empiler des objets sur le traîneau.

But she shook her head, and they kept piling items onto the sled.

La charge s'élevait dangereusement alors qu'ils ajoutaient les dernières choses.

The load towered dangerously high as they added the final things.

« Tu penses que le traîneau va rouler ? » demanda l'un des hommes avec un regard sceptique.

"Think the sled will ride?" asked one of the men with a skeptical look.

« Pourquoi pas ? » rétorqua Charles, vivement agacé.

"Why shouldn't it?" Charles snapped back with sharp annoyance.

« Oh, ce n'est pas grave », dit rapidement l'homme, s'éloignant de l'offense.

"Oh, that's all right," the man said quickly, backing away from offense.

« Je me demandais juste – ça me semblait un peu trop lourd. »

"I was only wondering—it just looked a bit too top-heavy to me."

Charles se détourna et attacha la charge du mieux qu'il put.

Charles turned away and tied down the load as best as he could.

Mais les attaches étaient lâches et l'emballage mal fait dans l'ensemble.

But the lashings were loose and the packing poorly done overall.

« Bien sûr, les chiens tireront ça toute la journée », a dit un autre homme avec sarcasme.

"Sure, the dogs will pull that all day," another man said sarcastically.

« Bien sûr », répondit froidement Hal en saisissant le long mât du traîneau.

"Of course," Hal replied coldly, grabbing the sled's long gee-pole.

D'une main sur le poteau, il faisait tournoyer le fouet dans l'autre.

With one hand on the pole, he swung the whip in the other.

« Allons-y ! » cria-t-il. « Allez ! » exhortant les chiens à démarrer.

"Let's go!" he shouted. "Move it!" urging the dogs to start.

Les chiens se sont penchés sur le harnais et ont tendu pendant quelques instants.

The dogs leaned into the harness and strained for a few moments.

Puis ils s'arrêtèrent, incapables de déplacer d'un pouce le traîneau surchargé.

Then they stopped, unable to budge the overloaded sled an inch.

« Ces brutes paresseuses ! » hurla Hal en levant le fouet pour les frapper.

"The lazy brutes!" Hal yelled, lifting the whip to strike them.

Mais Mercedes s'est précipitée et a saisi le fouet des mains de Hal.

But Mercedes rushed in and seized the whip from Hal's hands.

« Oh, Hal, n'ose pas leur faire de mal », s'écria-t-elle, alarmée.

"Oh, Hal, don't you dare hurt them," she cried in alarm.

« Promets-moi que tu seras gentil avec eux, sinon je n'irai pas plus loin. »

"Promise me you'll be kind to them, or I won't go another step."

« Tu ne connais rien aux chiens », lança Hal à sa sœur.

"You don't know a thing about dogs," Hal snapped at his sister.

« Ils sont paresseux, et la seule façon de les déplacer est de les fouetter. »

"They're lazy, and the only way to move them is to whip them."

« Demandez à n'importe qui, demandez à l'un de ces hommes là-bas si vous doutez de moi. »

"Ask anyone—ask one of those men over there if you doubt me."

Mercedes regarda les spectateurs avec des yeux suppliants et pleins de larmes.

Mercedes looked at the onlookers with pleading, tearful eyes.

Son visage montrait à quel point elle détestait la vue de la douleur.

Her face showed how deeply she hated the sight of any pain.

« Ils sont faibles, c'est tout », dit un homme. « Ils sont épuisés. »

"They're weak, that's all," one man said. "They're worn out."

« Ils ont besoin de repos, ils ont travaillé trop longtemps sans pause. »

"They need rest—they've been worked too long without a break."

« Que le repos soit maudit », murmura Hal, la lèvre retroussée.

"Rest be cursed," Hal muttered with his lip curled.

Mercedes haleta, clairement peinée par ce mot grossier de sa part.

Mercedes gasped, clearly pained by the coarse word from him.

Pourtant, elle est restée loyale et a immédiatement défendu son frère.

Still, she stayed loyal and instantly defended her brother.

« Ne fais pas attention à cet homme », dit-elle à Hal. « Ce sont nos chiens. »

"Don't mind that man," she said to Hal. "They're our dogs."

« Vous les conduisez comme bon vous semble, faites ce que vous pensez être juste. »

"You drive them as you see fit—do what you think is right."

Hal leva le fouet et frappa à nouveau les chiens sans pitié.

Hal raised the whip and struck the dogs again without mercy.

Ils se sont précipités en avant, le corps bas, les pieds poussant dans la neige.

They lunged forward, bodies low, feet pushing into the snow.

Toutes leurs forces étaient utilisées pour tirer, mais le traîneau ne bougeait pas.

All their strength went into the pull, but the sled wasn't moving.

Le traîneau est resté coincé, comme une ancre figée dans la neige tassée.

The sled stayed stuck, like an anchor frozen into the packed snow.

Après un deuxième effort, les chiens s'arrêtèrent à nouveau, haletants.

After a second effort, the dogs stopped again, panting hard.

Hal leva à nouveau le fouet, juste au moment où Mercedes intervenait à nouveau.

Hal raised the whip once more, just as Mercedes interfered again.

Elle tomba à genoux devant Buck et lui serra le cou.

She dropped to her knees in front of Buck and hugged his neck.

Les larmes lui montèrent aux yeux tandis qu'elle suppliait le chien épuisé.

Tears filled her eyes as she pleaded with the exhausted dog.

« Pauvres chéris », dit-elle, « pourquoi ne tirez-vous pas plus fort ? »

"You poor dears," she said, "why don't you just pull harder?"

« Si tu tires, tu ne seras pas fouetté comme ça. »

"If you pull, then you won't get to be whipped like this."

Buck n'aimait pas Mercedes, mais il était trop fatigué pour lui résister maintenant.

Buck disliked Mercedes, but he was too tired to resist her now.

Il accepta ses larmes comme une simple partie de cette journée misérable.

He accepted her tears as just another part of the miserable day.

L'un des hommes qui regardaient a finalement parlé après avoir retenu sa colère.

One of the watching men finally spoke after holding back his anger.

« Je me fiche de ce qui vous arrive, mais ces chiens comptent. »

"I don't care what happens to you folks, but those dogs matter."

« Si vous voulez aider, détachez ce traîneau, il est gelé dans la neige. »

"If you want to help, break that sled loose—it's frozen to the snow."

« Appuyez fort sur la perche, à droite et à gauche, et brisez le sceau de glace. »

"Push hard on the gee-pole, right and left, and break the ice seal."

Une troisième tentative a été faite, cette fois-ci suite à la suggestion de l'homme.

A third attempt was made, this time following the man's suggestion.

Hal a balancé le traîneau d'un côté à l'autre, libérant les patins.

Hal rocked the sled from side to side, breaking the runners loose.

Le traîneau, bien que surchargé et maladroit, a finalement fait un bond en avant.

The sled, though overloaded and awkward, finally lurched forward.

Buck et les autres tiraient sauvagement, poussés par une tempête de coups de fouet.

Buck and the others pulled wildly, driven by a storm of whiplashes.

Une centaine de mètres plus loin, le sentier courbait et descendait en pente dans la rue.

A hundred yards ahead, the trail curved and sloped into the street.

Il aurait fallu un conducteur expérimenté pour maintenir le traîneau droit.

It was going to have taken a skilled driver to keep the sled upright.

Hal n'était pas habile et le traîneau a basculé en tournant dans le virage.

Hal was not skilled, and the sled tipped as it swung around the bend.

Les sangles lâches ont cédé et la moitié de la charge s'est répandue sur la neige.

Loose lashings gave way, and half the load spilled onto the snow.

Les chiens ne s'arrêtèrent pas ; le traîneau le plus léger volait sur le côté.

The dogs did not stop; the lighter sled flew along on its side.

En colère à cause des mauvais traitements et du lourd fardeau, les chiens couraient plus vite.

Angry from abuse and the heavy burden, the dogs ran faster.

Buck, furieux, s'est mis à courir, suivi par l'équipe.

Buck, in fury, broke into a run, with the team following behind.

Hal a crié « Whoa ! Whoa ! » mais l'équipe ne lui a pas prêté attention.

Hal shouted "Whoa! Whoa!" but the team paid no attention to him.

Il a trébuché, est tombé et a été traîné au sol par le harnais.

He tripped, fell, and was dragged along the ground by the harness.

Le traîneau renversé l'a heurté tandis que les chiens couraient devant.

The overturned sled bumped over him as the dogs raced on ahead.

Le reste des fournitures est dispersé dans la rue animée de Skaguay.

The rest of the supplies scattered across Skaguay's busy street.

Des personnes au grand cœur se sont précipitées pour arrêter les chiens et rassembler le matériel.

Kind-hearted people rushed to stop the dogs and gather the gear.

Ils ont également donné des conseils, directs et pratiques, aux nouveaux voyageurs.

They also gave advice, blunt and practical, to the new travelers.

« Si vous voulez atteindre Dawson, prenez la moitié du chargement et doublez les chiens. »

"If you want to reach Dawson, take half the load and double the dogs."

Hal, Charles et Mercedes écoutaient, mais sans enthousiasme.

Hal, Charles, and Mercedes listened, though not with enthusiasm.

Ils ont installé leur tente et ont commencé à trier leurs provisions.

They pitched their tent and started sorting through their supplies.

Des conserves sont sorties, ce qui a fait rire les spectateurs.

Out came canned goods, which made onlookers laugh aloud.

« Des conserves sur le sentier ? Tu vas mourir de faim avant qu'elles ne fondent », a dit l'un d'eux.

"Canned stuff on the trail? You'll starve before that melts," one said.

« Des couvertures d'hôtel ? Tu ferais mieux de toutes les jeter. »

"Hotel blankets? You're better off throwing them all out."

« Laissez tomber la tente aussi, et personne ne fait la vaisselle ici. »

"Ditch the tent, too, and no one washes dishes here."

« Tu crois que tu voyages dans un train Pullman avec des domestiques à bord ? »

"You think you're riding a Pullman train with servants on board?"

Le processus a commencé : chaque objet inutile a été jeté de côté.

The process began—every useless item was tossed to the side.

Mercedes a pleuré lorsque ses sacs ont été vidés sur le sol enneigé.

Mercedes cried when her bags were emptied onto the snowy ground.

Elle sanglotait sur chaque objet jeté, un par un, sans pause.

She sobbed over every item thrown out, one by one without pause.

Elle jura de ne plus faire un pas de plus, même pas pendant dix Charles.

She vowed not to go one more step—not even for ten Charleses.

Elle a supplié chaque personne à proximité de la laisser garder ses objets précieux.

She begged each person nearby to let her keep her precious things.

Finalement, elle s'essuya les yeux et commença à jeter même les vêtements essentiels.

At last, she wiped her eyes and began tossing even vital clothes.

Une fois les siennes terminées, elle commença à vider les provisions des hommes.

When done with her own, she began emptying the men's supplies.

Comme un tourbillon, elle a déchiré les affaires de Charles et Hal.

Like a whirlwind, she tore through Charles and Hal's belongings.

Même si la charge était réduite de moitié, elle était encore bien plus lourde que nécessaire.

Though the load was halved, it was still far heavier than needed.

Cette nuit-là, Charles et Hal sont sortis et ont acheté six nouveaux chiens.

That night, Charles and Hal went out and bought six new dogs.

Ces nouveaux chiens ont rejoint les six originaux, plus Teek et Koona.

These new dogs joined the original six, plus Teek and Koona.

Ensemble, ils formaient une équipe de quatorze chiens attelés au traîneau.

Together they made a team of fourteen dogs hitched to the sled.

Mais les nouveaux chiens n'étaient pas aptes et mal entraînés au travail en traîneau.

But the new dogs were unfit and poorly trained for sled work.

Trois des chiens étaient des pointeurs à poil court et un était un Terre-Neuve.

Three of the dogs were short-haired pointers, and one was a Newfoundland.

Les deux derniers chiens étaient des bâtards sans race ni objectif clairement définis.

The final two dogs were mutts of no clear breed or purpose at all.

Ils n'ont pas compris le sentier et ne l'ont pas appris rapidement.

They didn't understand the trail, and they didn't learn it quickly.

Buck et ses compagnons les regardaient avec mépris et une profonde irritation.

Buck and his mates watched them with scorn and deep irritation.

Bien que Buck leur ait appris ce qu'il ne fallait pas faire, il ne pouvait pas leur enseigner le devoir.

Though Buck taught them what not to do, he could not teach duty.

Ils n'ont pas bien supporté la vie sur les sentiers ni la traction des rênes et des traîneaux.

They didn't take well to trail life or the pull of reins and sleds.

Seuls les bâtards essayaient de s'adapter, et même eux manquaient d'esprit combatif.

Only the mongrels tried to adapt, and even they lacked fighting spirit.

Les autres chiens étaient confus, affaiblis et brisés par leur nouvelle vie.

The other dogs were confused, weakened, and broken by their new life.

Les nouveaux chiens étant désemparés et les anciens épuisés, l'espoir était mince.

With the new dogs clueless and the old ones exhausted, hope was thin.

L'équipe de Buck avait parcouru deux mille cinq cents kilomètres de sentiers difficiles.

Buck's team had covered twenty-five hundred miles of harsh trail.

Pourtant, les deux hommes étaient joyeux et fiers de leur grande équipe de chiens.

Still, the two men were cheerful and proud of their large dog team.

Ils pensaient voyager avec style, avec quatorze chiens attelés.

They thought they were traveling in style, with fourteen dogs hitched.

Ils avaient vu des traîneaux partir pour Dawson, et d'autres en arriver.

They had seen sleds leave for Dawson, and others arrive from it.

Mais ils n'en avaient jamais vu un tiré par quatorze chiens.

But never had they seen one pulled by as many as fourteen dogs.

Il y avait une raison pour laquelle de telles équipes étaient rares dans la nature sauvage de l'Arctique.

There was a reason such teams were rare in the Arctic wilderness.

Aucun traîneau ne pouvait transporter suffisamment de nourriture pour nourrir quatorze chiens pendant le voyage.

No sled could carry enough food to feed fourteen dogs for the trip.

Mais Charles et Hal ne le savaient pas : ils avaient fait le calcul.

But Charles and Hal didn't know that—they had done the math.

Ils ont planifié la nourriture : tant par chien, tant de jours, et c'est fait.

They penciled out the food: so much per dog, so many days, done.

Mercedes regarda leurs chiffres et hocha la tête comme si cela avait du sens.

Mercedes looked at their figures and nodded as if it made sense.

Tout cela lui semblait très simple, du moins sur le papier.

It all seemed very simple to her, at least on paper.

Le lendemain matin, Buck conduisit lentement l'équipe dans la rue enneigée.

The next morning, Buck led the team slowly up the snowy street.

Il n'y avait aucune énergie ni aucun esprit en lui ou chez les chiens derrière lui.

There was no energy or spirit in him or the dogs behind him.

Ils étaient épuisés dès le départ, il n'y avait plus de réserve.

They were dead tired from the start—there was no reserve left.

Buck avait déjà effectué quatre voyages entre Salt Water et Dawson.

Buck had made four trips between Salt Water and Dawson already.

Maintenant, confronté à nouveau à la même épreuve, il ne ressentait que de l'amertume.

Now, faced with the same trail again, he felt nothing but bitterness.

Son cœur n'y était pas, ni celui des autres chiens.

His heart was not in it, nor were the hearts of the other dogs.

Les nouveaux chiens étaient timides et les huskies manquaient totalement de confiance.

The new dogs were timid, and the huskies lacked all trust.

Buck sentait qu'il ne pouvait pas compter sur ces deux hommes ou sur leur sœur.

Buck sensed he could not rely on these two men or their sister.

Ils ne savaient rien et ne montraient aucun signe d'apprentissage sur le sentier.

They knew nothing and showed no signs of learning on the trail.

Ils étaient désorganisés et manquaient de tout sens de la discipline.

They were disorganized and lacked any sense of discipline.

Il leur fallait à chaque fois la moitié de la nuit pour monter un campement bâclé.

It took them half the night to set up a sloppy camp each time.

Et ils passèrent la moitié de la matinée suivante à tâtonner à nouveau avec le traîneau.

And half the next morning they spent fumbling with the sled again.

À midi, ils s'arrêtaient souvent juste pour réparer la charge inégale.

By noon, they often stopped just to fix the uneven load.

Certains jours, ils parcouraient moins de dix milles au total.

On some days, they traveled less than ten miles in total.

D'autres jours, ils ne parvenaient pas du tout à quitter le camp.

Other days, they didn't manage to leave camp at all.

Ils n'ont jamais réussi à couvrir la distance alimentaire prévue.

They never came close to covering the planned food-distance.

Comme prévu, ils ont très vite manqué de nourriture pour les chiens.

As expected, they ran short on food for the dogs very quickly.

Ils ont aggravé la situation en les suralimentant au début.

They made matters worse by overfeeding in the early days.

À chaque ration négligée, la famine se rapprochait.

This brought starvation closer with every careless ration.

Les nouveaux chiens n'avaient pas appris à survivre avec très peu.

The new dogs had not learned to survive on very little.

Ils mangeaient avec faim, avec un appétit trop grand pour le sentier.

They ate hungrily, with appetites too large for the trail.

Voyant les chiens s'affaiblir, Hal pensait que la nourriture n'était pas suffisante.

Seeing the dogs weaken, Hal believed the food wasn't enough.

Il a doublé les rations, rendant l'erreur encore pire.

He doubled the rations, making the mistake even worse.

Mercedes a aggravé le problème avec ses larmes et ses douces supplications.

Mercedes added to the problem with tears and soft pleading.

Comme elle n'arrivait pas à convaincre Hal, elle nourrissait les chiens en secret.

When she couldn't convince Hal, she fed the dogs in secret.

Elle a volé des sacs de poissons et les leur a donnés dans son dos.

She stole from the fish sacks and gave it to them behind his back.

Mais ce dont les chiens avaient réellement besoin, ce n'était pas de plus de nourriture, mais de repos.

But what the dogs truly needed wasn't more food—it was rest.

Ils progressaient mal, mais le lourd traîneau continuait à avancer.

They were making poor time, but the heavy sled still dragged on.

Ce poids à lui seul épuisait chaque jour leurs forces restantes.

That weight alone drained their remaining strength each day.

Puis vint l'étape de la sous-alimentation, les réserves s'épuisant.

Then came the stage of underfeeding as the supplies ran low.

Un matin, Hal s'est rendu compte que la moitié de la nourriture pour chien avait déjà disparu.

Hal realized one morning that half the dog food was already gone.

Ils n'avaient parcouru qu'un quart de la distance totale du sentier.

They had only traveled a quarter of the total trail distance.

On ne pouvait plus acheter de nourriture, quel que soit le prix proposé.

No more food could be bought, no matter what price was offered.

Il a réduit les portions des chiens en dessous de la ration quotidienne standard.

He reduced the dogs' portions below the standard daily ration.

Dans le même temps, il a exigé des voyages plus longs pour compenser la perte.

At the same time, he demanded longer travel to make up for loss.

Mercedes et Charles ont soutenu ce plan, mais ont échoué dans son exécution.

Mercedes and Charles supported this plan, but failed in execution.

Leur lourd traîneau et leur manque de compétences rendaient la progression presque impossible.

Their heavy sled and lack of skill made progress nearly impossible.

Il était facile de donner moins de nourriture, mais impossible de forcer plus d'efforts.

It was easy to give less food, but impossible to force more effort.

Ils ne pouvaient pas commencer plus tôt, ni voyager pendant des heures supplémentaires.

They couldn't start early, nor could they travel for extra hours.

Ils ne savaient pas comment travailler les chiens, ni eux-mêmes d'ailleurs.

They didn't know how to work the dogs, nor themselves, for that matter.

Le premier chien à mourir était Dub, le voleur malchanceux mais travailleur.

The first dog to die was Dub, the unlucky but hardworking thief.

Bien que souvent puni, Dub avait fait sa part sans se plaindre.

Though often punished, Dub had pulled his weight without complaint.

Son épaule blessée s'est aggravée sans qu'il soit nécessaire de prendre soin de lui et de se reposer.

His injured shoulder grew worse without care or needed rest.

Finalement, Hal a utilisé le revolver pour mettre fin aux souffrances de Dub.

Finally, Hal used the revolver to end Dub's suffering.

Un dicton courant dit que les chiens normaux meurent à cause des rations de husky.

A common saying claimed that normal dogs die on husky rations.

Les six nouveaux compagnons de Buck n'avaient que la moitié de la part de nourriture du husky.

Buck's six new companions had only half the husky's share of food.

Le Terre-Neuve est mort en premier, puis les trois braques à poil court.

The Newfoundland died first, then the three short-haired pointers.

Les deux bâtards résistèrent plus longtemps mais finirent par périr comme les autres.

The two mongrels held on longer but finally perished like the rest.

À cette époque, toutes les commodités et la douceur du Southland avaient disparu.

By this time, all the amenities and gentleness of the Southland were gone.

Les trois personnes avaient perdu les dernières traces de leur éducation civilisée.

The three people had shed the last traces of their civilized upbringing.

Dépouillé de glamour et de romantisme, le voyage dans l'Arctique est devenu brutalement réel.

Stripped of glamour and romance, Arctic travel became brutally real.

C'était une réalité trop dure pour leur sens de la virilité et de la féminité.

It was a reality too harsh for their sense of manhood and womanhood.

Mercedes ne pleurait plus pour les chiens, mais maintenant elle pleurait seulement pour elle-même.

Mercedes no longer wept for the dogs, but now wept only for herself.

Elle passait son temps à pleurer et à se disputer avec Hal et Charles.

She spent her time crying and quarreling with Hal and Charles.

Se disputer était la seule chose qu'ils n'étaient jamais trop fatigués de faire.

Quarreling was the one thing they were never too tired to do.

Leur irritabilité provenait de la misère, grandissait avec elle et la surpassait.

Their irritability came from misery, grew with it, and surpassed it.

La patience du sentier, connue de ceux qui peinent et souffrent avec bienveillance, n'est jamais venue.

The patience of the trail, known to those who toil and suffer kindly, never came.

Cette patience, qui garde la parole douce malgré la douleur, leur était inconnue.

That patience, which keeps speech sweet through pain, was unknown to them.

Ils n'avaient aucune trace de patience, aucune force tirée de la souffrance avec grâce.

They had no hint of patience, no strength drawn from suffering with grace.

Ils étaient raides de douleur : leurs muscles, leurs os et leur cœur étaient douloureux.

They were stiff with pain—aching in their muscles, bones, and hearts.

À cause de cela, ils devinrent acerbes et prompts à prononcer des paroles dures.

Because of this, they grew sharp of tongue and quick with harsh words.

Chaque jour commençait et se terminait par des voix en colère et des plaintes amères.

Each day began and ended with angry voices and bitter complaints.

Charles et Hal se disputaient chaque fois que Mercedes leur en donnait l'occasion.

Charles and Hal wrangled whenever Mercedes gave them a chance.

Chaque homme estimait avoir fait plus que sa juste part du travail.

Each man believed he did more than his fair share of the work.

Aucun des deux n'a jamais manqué une occasion de le dire, encore et encore.

Neither ever missed a chance to say so, again and again.

Parfois, Mercedes se rangeait du côté de Charles, parfois du côté de Hal.

Sometimes Mercedes sided with Charles, sometimes with Hal.

Cela a conduit à une grande et interminable querelle entre les trois.

This led to a grand and endless quarrel among the three.

Une dispute sur la question de savoir qui devait couper le bois de chauffage est devenue incontrôlable.

A dispute over who should chop firewood grew out of control.

Bientôt, les pères, les mères, les cousins et les parents décédés ont été nommés.

Soon, fathers, mothers, cousins, and dead relatives were named.

Les opinions de Hal sur l'art ou les pièces de son oncle sont devenues partie intégrante du combat.

Hal's views on art or his uncle's plays became part of the fight.

Les convictions politiques de Charles sont également entrées dans le débat.

Charles's political beliefs also entered the debate.

Pour Mercedes, même les ragots de la sœur de son mari semblaient pertinents.

To Mercedes, even her husband's sister's gossip seemed relevant.

Elle a exprimé son opinion sur ce sujet et sur de nombreux défauts de la famille de Charles.

She aired opinions on that and on many of Charles's family's flaws.

Pendant qu'ils se disputaient, le feu restait éteint et le camp à moitié monté.

While they argued, the fire stayed unlit and camp half set.

Pendant ce temps, les chiens restaient froids et sans nourriture.

Meanwhile, the dogs remained cold and without any food.

Mercedes avait un grief qu'elle considérait comme profondément personnel.

Mercedes held a grievance she considered deeply personal.

Elle se sentait maltraitée en tant que femme, privée de ses doux privilèges.

She felt mistreated as a woman, denied her gentle privileges.

Elle était jolie et douce, et habituée à la chevalerie toute sa vie.

She was pretty and soft, and used to chivalry all her life.

Mais son mari et son frère la traitaient désormais avec impatience.

But her husband and brother now treated her with impatience.

Elle avait pour habitude d'agir comme si elle était impuissante, et ils commencèrent à se plaindre.

Her habit was to act helpless, and they began to complain.

Offensée par cela, elle leur rendit la vie encore plus difficile.

Offended by this, she made their lives all the more difficult.

Elle a ignoré les chiens et a insisté pour conduire elle-même le traîneau.

She ignored the dogs and insisted on riding the sled herself.

Bien que légère en apparence, elle pesait cent vingt livres.

Though light in looks, she weighed one hundred twenty pounds.

Ce fardeau supplémentaire était trop lourd pour les chiens affamés et faibles.

That added burden was too much for the starving, weak dogs.

Elle a continué à monter pendant des jours, jusqu'à ce que les chiens s'effondrent sous les rênes.

Still, she rode for days, until the dogs collapsed in the reins.

Le traîneau s'arrêta et Charles et Hal la supplièrent de marcher.

The sled stood still, and Charles and Hal begged her to walk.

Ils la supplièrent et la supplièrent, mais elle pleura et les traita de cruels.

They pleaded and entreated, but she wept and called them cruel.

À une occasion, ils l'ont tirée du traîneau avec force et colère.

On one occasion, they pulled her off the sled with sheer force and anger.

Ils n'ont plus jamais essayé après ce qui s'est passé cette fois-là.

They never tried again after what happened that time.

Elle devint molle comme un enfant gâté et s'assit dans la neige.

She went limp like a spoiled child and sat in the snow.

Ils continuèrent leur chemin, mais elle refusa de se lever ou de les suivre.

They moved on, but she refused to rise or follow behind.

Après trois milles, ils s'arrêtèrent, revinrent et la ramenèrent.

After three miles, they stopped, returned, and carried her back.

Ils l'ont rechargée sur le traîneau, en utilisant encore une fois la force brute.

They reloaded her onto the sled, again using brute strength.

Dans leur profonde misère, ils étaient insensibles à la souffrance des chiens.

In their deep misery, they were callous to the dogs' suffering.

Hal croyait qu'il fallait s'endurcir et il a imposé cette croyance aux autres.

Hal believed one must get hardened and forced that belief on others.

Il a d'abord essayé de prêcher sa philosophie à sa sœur

He first tried to preach his philosophy to his sister

et puis, sans succès, il prêcha à son beau-frère.

and then, without success, he preached to his brother-in-law.

Il a eu plus de succès avec les chiens, mais seulement parce qu'il leur a fait du mal.

He had more success with the dogs, but only because he hurt them.

Chez Five Fingers, la nourriture pour chiens est complètement épuisée.

At Five Fingers, the dog food ran out of food completely.

Une vieille squaw édentée a vendu quelques kilos de peau de cheval congelée

A toothless old squaw sold a few pounds of frozen horse-hide

Hal a échangé son revolver contre la peau de cheval séchée.

Hal traded his revolver for the dried horse-hide.

La viande provenait de chevaux affamés d'éleveurs de bétail des mois auparavant.

The meat had come from starved horses of cattlemen months before.

Gelée, la peau était comme du fer galvanisé ; dure et immangeable.

Frozen, the hide was like galvanized iron; tough and inedible.

Les chiens devaient mâcher la peau sans fin pour la manger.

The dogs had to chew endlessly at the hide to eat it.

Mais les cordes en cuir et les cheveux courts n'étaient guère une nourriture.

But the leathery strings and short hair were hardly nourishment.

La majeure partie de la peau était irritante et ne constituait pas véritablement de la nourriture.

Most of the hide was irritating, and not food in any true sense.

Et pendant tout ce temps, Buck titubait en tête, comme dans un cauchemar.

And through it all, Buck staggered at the front, like in a nightmare.

Il tirait quand il le pouvait ; quand il ne le pouvait pas, il restait allongé jusqu'à ce qu'un fouet ou un gourdin le relève.

He pulled when able; when not, he lay until whip or club raised him.

Son pelage fin et brillant avait perdu toute sa rigidité et son éclat d'autrefois.

His fine, glossy coat had lost all stiffness and sheen it once had.

Ses cheveux pendaient, mous, en bataille et coagulés par le sang séché des coups.

His hair hung limp, draggled, and clotted with dried blood from the blows.

Ses muscles se sont réduits à l'état de cordes et ses coussinets de chair étaient tous usés.

His muscles shrank to cords, and his flesh pads were all worn away.

Chaque côte, chaque os apparaissait clairement à travers les plis de la peau ridée.

Each rib, each bone showed clearly through folds of wrinkled skin.

C'était déchirant, mais le cœur de Buck ne pouvait pas se briser.

It was heartbreaking, yet Buck's heart could not break.

L'homme au pull rouge avait testé cela et l'avait prouvé il y a longtemps.

The man in the red sweater had tested that and proved it long ago.

Comme ce fut le cas pour Buck, ce fut le cas pour tous ses coéquipiers restants.

As it was with Buck, so it was with all his remaining teammates.

Il y en avait sept au total, chacun étant un squelette ambulant de misère.

There were seven in total, each one a walking skeleton of misery.

Ils étaient devenus insensibles au fouet, ne ressentant qu'une douleur lointaine.

They had grown numb to lash, feeling only distant pain.

Même la vue et le son leur parvenaient faiblement, comme à travers un épais brouillard.

Even sight and sound reached them faintly, as through a thick fog.

Ils n'étaient pas à moitié vivants : c'étaient des os avec de faibles étincelles à l'intérieur.

They were not half alive—they were bones with dim sparks inside.

Lorsqu'ils s'arrêtèrent, ils s'effondrèrent comme des cadavres, leurs étincelles presque éteintes.

When stopped, they collapsed like corpses, their sparks almost gone.

Et lorsque le fouet ou le gourdin frappaient à nouveau, les étincelles voltigeaient faiblement.

And when the whip or club struck again, the sparks fluttered weakly.

Puis ils se levèrent, titubèrent en avant et traînèrent leurs membres en avant.

Then they rose, staggered forward, and dragged their limbs ahead.

Un jour, le gentil Billee tomba et ne put plus se relever du tout.

One day kind Billee fell and could no longer rise at all.

Hal avait échangé son revolver, alors il a utilisé une hache pour tuer Billee à la place.

Hal had traded his revolver, so he used an axe to kill Billee instead.

Il le frappa à la tête, puis lui coupa le corps et le traîna.

He struck him on the head, then cut his body free and dragged it away.

Buck vit cela, et les autres aussi ; ils savaient que la mort était proche.

Buck saw this, and so did the others; they knew death was near.

Le lendemain, Koona partit, ne laissant que cinq chiens dans l'équipe affamée.

Next day Koona went, leaving just five dogs in the starving team.

Joe, qui n'était plus méchant, était trop loin pour se rendre compte de quoi que ce soit.

Joe, no longer mean, was too far gone to be aware of much at all.

Pike, ne faisant plus semblant d'être blessé, était à peine conscient.

Pike, no longer faking his injury, was barely conscious.

Solleks, toujours fidèle, se lamentait de ne plus avoir de force à donner.

Solleks, still faithful, mourned he had no strength to give.

Teek a été le plus battu parce qu'il était plus frais, mais qu'il s'estompait rapidement.

Teek was beaten most because he was fresher, but fading fast.

Et Buck, toujours en tête, ne maintenait plus l'ordre ni ne le faisait respecter.

And Buck, still in the lead, no longer kept order or enforced it.

À moitié aveugle à cause de sa faiblesse, Buck suivit la piste au toucher seul.

Half blind with weakness, Buck followed the trail by feel alone.

C'était un beau temps printanier, mais aucun d'entre eux ne l'a remarqué.

It was beautiful spring weather, but none of them noticed it.

Chaque jour, le soleil se levait plus tôt et se couchait plus tard qu'avant.

Each day the sun rose earlier and set later than before.

À trois heures du matin, l'aube était arrivée ; le crépuscule durait jusqu'à neuf heures.

By three in the morning, dawn had come; twilight lasted till nine.

Les longues journées étaient remplies du plein soleil printanier.

The long days were filled with the full blaze of spring sunshine.

Le silence fantomatique de l'hiver s'était transformé en un murmure chaleureux.

The ghostly silence of winter had changed into a warm murmur.

Toute la terre s'éveillait, animée par la joie des êtres vivants.

All the land was waking, alive with the joy of living things.

Le bruit provenait de ce qui était resté mort et immobile pendant l'hiver.

The sound came from what had lain dead and still through winter.

Maintenant, ces choses bougeaient à nouveau, secouant le long sommeil de gel.

Now, those things moved again, shaking off the long frost sleep.

La sève montait à travers les troncs sombres des pins en attente.

Sap was rising through the dark trunks of the waiting pine trees.

Les saules et les trembles font apparaître de jeunes bourgeons brillants sur chaque brindille.

Willows and aspens burst out bright young buds on each twig.

Les arbustes et les vignes se parent d'un vert frais tandis que les bois prennent vie.

Shrubs and vines put on fresh green as the woods came alive.

Les grillons chantaient la nuit et les insectes rampaient au soleil.

Crickets chirped at night, and bugs crawled in daylight sun.

Les perdrix résonnaient et les pics frappaient profondément dans les arbres.

Partridges boomed, and woodpeckers knocked deep in the trees.

Les écureuils bavardaient, les oiseaux chantaient et les oies klaxonnaient au-dessus des chiens.

Squirrels chattered, birds sang, and geese honked over the dogs.

Les oiseaux sauvages arrivaient en groupes serrés, volant vers le haut depuis le sud.

The wild-fowl came in sharp wedges, flying up from the south.

De chaque colline venait la musique des ruisseaux cachés et impétueux.

From every hillside came the music of hidden, rushing streams.

Toutes choses ont dégelé et se sont brisées, se sont pliées et ont repris leur mouvement.

All things thawed and snapped, bent and burst back into motion.

Le Yukon s'efforçait de briser les chaînes de froid de la glace gelée.

The Yukon strained to break the cold chains of frozen ice.

La glace fondait en dessous, tandis que le soleil la faisait fondre par le dessus.

The ice melted underneath, while the sun melted it from above.

Des trous d'aération se sont ouverts, des fissures se sont propagées et des morceaux sont tombés dans la rivière.

Air-holes opened, cracks spread, and chunks fell into the river.

Au milieu de toute cette vie débordante et flamboyante, les voyageurs titubaient.

Amid all this bursting and blazing life, the travelers staggered.

Deux hommes, une femme et une meute de huskies marchaient comme des morts.

Two men, a woman, and a pack of huskies walked like the dead.

Les chiens tombaient, Mercedes pleurait, mais continuait à conduire le traîneau.

The dogs were falling, Mercedes wept, but still rode the sled.

Hal jura faiblement et Charles cligna des yeux à travers ses yeux larmoyants.

Hal cursed weakly, and Charles blinked through watering eyes.

Ils tombèrent sur le camp de John Thornton à l'embouchure de la rivière White.

They stumbled into John Thornton's camp by White River's mouth.

Lorsqu'ils s'arrêtèrent, les chiens s'effondrèrent, comme s'ils étaient tous morts.

When they stopped, the dogs dropped flat, as if all struck dead.

Mercedes essuya ses larmes et regarda John Thornton.

Mercedes wiped her tears and looked across at John Thornton.

Charles s'assit sur une bûche, lentement et raidement, souffrant du sentier.

Charles sat on a log, slowly and stiffly, aching from the trail.

Hal parlait pendant que Thornton sculptait l'extrémité d'un manche de hache.

Hal did the talking as Thornton carved the end of an axe-handle.

Il taillait du bois de bouleau et répondait par des réponses brèves et fermes.

He whittled birch wood and answered with brief, firm replies.

Lorsqu'on lui a demandé son avis, il a donné des conseils, certain qu'ils ne seraient pas suivis.

When asked, he gave advice, certain it wasn't going to be followed.

Hal a expliqué : « Ils nous ont dit que la glace du sentier disparaissait. »

Hal explained, "They told us the trail ice was dropping out."

« Ils ont dit que nous devions rester sur place, mais nous sommes arrivés à White River. »

"They said we should stay put—but we made it to White River."

Il a terminé sur un ton moqueur, comme pour crier victoire dans les difficultés.

He ended with a sneering tone, as if to claim victory in hardship.

« Et ils t'ont dit la vérité », répondit doucement John Thornton à Hal.

"And they told you true," John Thornton answered Hal quietly.

« La glace peut céder à tout moment, elle est prête à tomber. »

"The ice may give way at any moment—it's ready to drop out."

« Seuls un peu de chance et des imbéciles ont pu arriver jusqu'ici en vie. »

"Only blind luck and fools could have made it this far alive."

« Je vous le dis franchement, je ne risquerais pas ma vie pour tout l'or de l'Alaska. »

"I tell you straight, I wouldn't risk my life for all Alaska's gold."

« C'est parce que tu n'es pas un imbécile, je suppose », répondit Hal.

"That's because you're not a fool, I suppose," Hal answered.

« Tout de même, nous irons à Dawson. » Il déroula son fouet.

"All the same, we'll go on to Dawson." He uncoiled his whip.

« Monte là-haut, Buck ! Salut ! Debout ! Vas-y ! » cria-t-il durement.

"Get up there, Buck! Hi! Get up! Go on!" he shouted harshly.

Thornton continuait à tailler, sachant que les imbéciles n'entendraient pas la raison.

Thornton kept whittling, knowing fools won't hear reason.

Arrêter un imbécile était futile, et deux ou trois imbéciles ne changeaient rien.

To stop a fool was futile—and two or three fooled changed nothing.

Mais l'équipe n'a pas bougé au son de l'ordre de Hal.

But the team didn't move at the sound of Hal's command.

Désormais, seuls les coups pouvaient les faire se relever et avancer.

By now, only blows could make them rise and pull forward.

Le fouet claquait encore et encore sur les chiens affaiblis.

The whip snapped again and again across the weakened dogs.

John Thornton serra fermement ses lèvres et regarda en silence.

John Thornton pressed his lips tightly and watched in silence.

Solleks fut le premier à se relever sous le fouet.

Solleks was the first to crawl to his feet under the lash.

Puis Teek le suivit, tremblant. Joe poussa un cri en se relevant.

Then Teek followed, trembling. Joe yelped as he stumbled up.

Pike a essayé de se relever, a échoué deux fois, puis est finalement resté debout, chancelant.

Pike tried to rise, failed twice, then finally stood unsteadily.

Mais Buck resta là où il était tombé, sans bouger du tout cette fois.

But Buck lay where he had fallen, not moving at all this time.

Le fouet le frappait à plusieurs reprises, mais il ne faisait aucun bruit.

The whip slashed him over and over, but he made no sound.

Il n'a pas bronché ni résisté, il est simplement resté immobile et silencieux.

He did not flinch or resist, simply remained still and quiet.

Thornton remua plus d'une fois, comme pour parler, mais ne le fit pas.

Thornton stirred more than once, as if to speak, but didn't.

Ses yeux s'humidifièrent, et le fouet continuait à claquer contre Buck.

His eyes grew wet, and still the whip cracked against Buck.

Finalement, Thornton commença à marcher lentement, ne sachant pas quoi faire.

At last, Thornton began pacing slowly, unsure of what to do.

C'était la première fois que Buck échouait, et Hal devint furieux.

It was the first time Buck had failed, and Hal grew furious.

Il a jeté le fouet et a pris la lourde massue à la place.

He threw down the whip and picked up the heavy club instead.

Le club en bois s'abattit violemment, mais Buck ne se releva toujours pas pour bouger.

The wooden club came down hard, but Buck still did not rise to move.

Comme ses coéquipiers, il était trop faible, mais plus que cela.

Like his teammates, he was too weak—but more than that.

Buck avait décidé de ne pas bouger, quoi qu'il arrive.

Buck had decided not to move, no matter what came next.

Il sentait quelque chose de sombre et de certain planer juste devant lui.

He felt something dark and certain hovering just ahead.

Cette peur l'avait saisi dès qu'il avait atteint la rive du fleuve.

That dread had seized him as soon as he reached the riverbank.

Cette sensation ne l'avait pas quitté depuis qu'il sentait la glace s'amincir sous ses pattes.

The feeling had not left him since he felt the ice thin under his paws.

Quelque chose de terrible l'attendait – il le sentait juste au bout du sentier.

Something terrible was waiting—he felt it just down the trail.

Il n'allait pas marcher vers cette terrible chose devant lui.

He wasn't going to walk towards that terrible thing ahead

Il n'allait pas obéir à un quelconque ordre qui le conduirait à cette chose.

He was not going to obey any command that took him to that thing.

La douleur des coups ne l'atteignait plus guère, il était trop loin.

The pain of the blows hardly touched him now—he was too far gone.

L'étincelle de vie vacillait faiblement, s'affaiblissant sous chaque coup cruel.

The spark of life flickered low, dimmed beneath each cruel strike.

Ses membres semblaient lointains ; tout son corps semblait appartenir à un autre.

His limbs felt distant; his whole body seemed to belong to another.

Il ressentit un étrange engourdissement alors que la douleur disparaissait complètement.

He felt a strange numbness as the pain faded out completely.

De loin, il sentait qu'il était battu, mais il le savait à peine.

From far away, he sensed he was being beaten, but barely knew.

Il pouvait entendre les coups sourds faiblement, mais ils ne faisaient plus vraiment mal.

He could hear the thuds faintly, but they no longer truly hurt.

Les coups ont porté, mais son corps ne semblait plus être le sien.

The blows landed, but his body no longer seemed like his own.

Puis, soudain, sans prévenir, John Thornton poussa un cri sauvage.

Then suddenly, without warning, John Thornton gave a wild cry.

C'était inarticulé, plus le cri d'une bête que celui d'un homme.

It was inarticulate, more the cry of a beast than of a man.

Il sauta sur l'homme avec la massue et renversa Hal en arrière.

He leapt at the man with the club and knocked Hal backward.

Hal vola comme s'il avait été frappé par un arbre, atterrissant durement sur le sol.

Hal flew as if struck by a tree, landing hard upon the ground.

Mercedes a crié de panique et s'est agrippée au visage.

Mercedes screamed aloud in panic and clutched at her face.

Charles se contenta de regarder, s'essuya les yeux et resta assis.

Charles only looked on, wiped his eyes, and stayed seated.

Son corps était trop raide à cause de la douleur pour se lever ou aider au combat.

His body was too stiff with pain to rise or help in the fight.

Thornton se tenait au-dessus de Buck, tremblant de fureur, incapable de parler.

Thornton stood over Buck, trembling with fury, unable to speak.

Il tremblait de rage et luttait pour trouver sa voix à travers elle.

He shook with rage and fought to find his voice through it.

« Si tu frappes encore ce chien, je te tue », dit-il finalement.

"If you strike that dog again, I'll kill you," he finally said.

Hal essuya le sang de sa bouche et s'avança à nouveau.

Hal wiped blood from his mouth and came forward again.

« C'est mon chien », murmura-t-il. « Dégage, ou je te répare. »

"It's my dog," he muttered. "Get out of the way, or I'll fix you."

« Je vais à Dawson, et vous ne m'en empêcherez pas », a-t-il ajouté.

"I'm going to Dawson, and you're not stopping me," he added.

Thornton se tenait fermement entre Buck et le jeune homme en colère.

Thornton stood firm between Buck and the angry young man.

Il n'avait aucune intention de s'écarter ou de laisser passer Hal.

He had no intention of stepping aside or letting Hal pass.

Hal sortit son couteau de chasse, long et dangereux à la main.

Hal pulled out his hunting knife, long and dangerous in hand.

Mercedes a crié, puis pleuré, puis ri dans une hystérie sauvage.

Mercedes screamed, then cried, then laughed in wild hysteria.

Thornton frappa la main de Hal avec le manche de sa hache, fort et vite.

Thornton struck Hal's hand with his axe-handle, hard and fast.

Le couteau s'est détaché de la main de Hal et a volé au sol.

The knife was knocked loose from Hal's grip and flew to the ground.

Hal essaya de ramasser le couteau, et Thornton frappa à nouveau ses jointures.

Hal tried to pick the knife up, and Thornton rapped his knuckles again.

Thornton se baissa alors, attrapa le couteau et le tint.

Then Thornton stooped down, grabbed the knife, and held it.

D'un coup rapide de manche de hache, il coupa les rênes de Buck.

With two quick chops of the axe-handle, he cut Buck's reins.

Hal n'avait plus aucune résistance et s'éloigna du chien.

Hal had no fight left in him and stepped back from the dog.

De plus, Mercedes avait désormais besoin de ses deux bras pour se maintenir debout.

Besides, Mercedes needed both arms now to keep her upright.

Buck était trop proche de la mort pour pouvoir à nouveau tirer un traîneau.

Buck was too near death to be of use for pulling a sled again.

Quelques minutes plus tard, ils se sont retirés et ont descendu la rivière.

A few minutes later, they pulled out, heading down the river.

Buck leva faiblement la tête et les regarda quitter la banque.

Buck raised his head weakly and watched them leave the bank.

Pike a mené l'équipe, avec Solleks à l'arrière dans la roue.

Pike led the team, with Solleks at the rear in the wheel spot.

Joe et Teek marchaient entre eux, tous deux boitant d'épuisement.

Joe and Teek walked between, both limping with exhaustion.

Mercedes s'assit sur le traîneau et Hal saisit le long mât.

Mercedes sat on the sled, and Hal gripped the long gee-pole.

Charles trébuchait derrière, ses pas maladroits et incertains.

Charles stumbled behind, his steps clumsy and uncertain.

Thornton s'agenouilla près de Buck et chercha doucement des os cassés.

Thornton knelt by Buck and gently felt for broken bones.

Ses mains étaient rudes mais bougeaient avec gentillesse et attention.

His hands were rough but moved with kindness and care.

Le corps de Buck était meurtri mais ne présentait aucune blessure durable.

Buck's body was bruised but showed no lasting injury.

Ce qui restait, c'était une faim terrible et une faiblesse quasi totale.

What remained was terrible hunger and near-total weakness.

Au moment où cela fut clair, le traîneau était déjà loin en aval.

By the time this was clear, the sled had gone far downriver.

L'homme et le chien regardaient le traîneau ramper lentement sur la glace fissurée.

Man and dog watched the sled slowly crawl over the cracking ice.

Puis, ils virent le traîneau s'enfoncer dans un creux.

Then, they saw the sled sink down into a hollow.

Le mât s'est envolé, Hal s'y accrochant toujours en vain.

The gee-pole flew up, with Hal still clinging to it in vain.

Le cri de Mercedes les atteignit à travers la distance froide.

Mercedes's scream reached them across the cold distance.

Charles se retourna et recula, mais il était trop tard.

Charles turned and stepped back—but he was too late.

Une calotte glaciaire entière a cédé et ils sont tous tombés à travers.

A whole ice sheet gave way, and they all dropped through.

Les chiens, le traîneau et les gens ont disparu dans l'eau noire en contrebas.

Dogs, sled, and people vanished into the black water below.

Il ne restait qu'un large trou dans la glace là où ils étaient passés.

Only a wide hole in the ice was left where they had passed.

Le fond du sentier s'était affaissé, comme Thornton l'avait prévenu.

The trail's bottom had dropped out—just as Thornton warned.

Thornton et Buck se regardèrent, silencieux pendant un moment.

Thornton and Buck looked at one another, silent for a moment.

« Pauvre diable », dit doucement Thornton, et Buck lui lécha la main.

"You poor devil," said Thornton softly, and Buck licked his hand.

Pour l'amour d'un homme
For the Love of a Man

John Thornton s'est gelé les pieds dans le froid du mois de décembre précédent.
John Thornton froze his feet in the cold of the previous December.
Ses partenaires l'ont mis à l'aise et l'ont laissé se rétablir seul.
His partners made him comfortable and left him to recover alone.
Ils remontèrent la rivière pour rassembler un radeau de billes de bois pour Dawson.
They went up the river to gather a raft of saw-logs for Dawson.
Il boitait encore légèrement lorsqu'il a sauvé Buck de la mort.
He was still limping slightly when he rescued Buck from death.
Mais avec le temps chaud qui continue, même cette boiterie a disparu.
But with warm weather continuing, even that limp disappeared.
Allongé au bord de la rivière pendant les longues journées de printemps, Buck se reposait.
Lying by the riverbank during long spring days, Buck rested.
Il regardait l'eau couler et écoutait les oiseaux et les insectes.
He watched the flowing water and listened to birds and insects.
Lentement, Buck reprit ses forces sous le soleil et le ciel.
Slowly, Buck regained his strength under the sun and sky.
Un repos merveilleux après avoir parcouru trois mille kilomètres.
A rest felt wonderful after traveling three thousand miles.
Buck est devenu paresseux à mesure que ses blessures guérissaient et que son corps se remplissait.

Buck became lazy as his wounds healed and his body filled
out.

Ses muscles se raffermirent et la chair revint recouvrir ses os.

His muscles grew firm, and flesh returned to cover his bones.

Ils se reposaient tous : Buck, Thornton, Skeet et Nig.

They were all resting—Buck, Thornton, Skeet, and Nig.

**Ils attendaient le radeau qui allait les transporter jusqu'à
Dawson.**

They waited for the raft that was going to carry them down to
Dawson.

**Skeet était un petit setter irlandais qui s'est lié d'amitié avec
Buck.**

Skeet was a small Irish setter who made friends with Buck.

**Buck était trop faible et malade pour lui résister lors de leur
première rencontre.**

Buck was too weak and ill to resist her at their first meeting.

**Skeet avait le trait de guérisseur que certains chiens
possèdent naturellement.**

Skeet had the healer trait that some dogs naturally possess.

**Comme une mère chatte, elle lécha et nettoya les blessures à
vif de Buck.**

Like a mother cat, she licked and cleaned Buck's raw wounds.

**Chaque matin, après le petit-déjeuner, elle répétait son
travail minutieux.**

Every morning after breakfast, she repeated her careful work.

Buck s'attendait à son aide autant qu'à celle de Thornton.

Buck came to expect her help as much as he did Thornton's.

**Nig était également amical, mais moins ouvert et moins
affectueux.**

Nig was friendly too, but less open and less affectionate.

**Nig était un gros chien noir, à la fois chien de Saint-Hubert
et chien de chasse.**

Nig was a big black dog, part bloodhound and part
deerhound.

**Il avait des yeux rieurs et une infinie bonne nature dans son
esprit.**

He had laughing eyes and endless good nature in his spirit.

À la surprise de Buck, aucun des deux chiens n'a montré de jalousie envers lui.

To Buck's surprise, neither dog showed jealousy toward him.

Skeet et Nig ont tous deux partagé la gentillesse de John Thornton.

Both Skeet and Nig shared the kindness of John Thornton.

À mesure que Buck devenait plus fort, ils l'ont attiré dans des jeux de chiens stupides.

As Buck got stronger, they lured him into foolish dog games.

Thornton jouait souvent avec eux aussi, incapable de résister à leur joie.

Thornton often played with them too, unable to resist their joy.

De cette manière ludique, Buck est passé de la maladie à une nouvelle vie.

In this playful way, Buck moved from illness to a new life.

L'amour – un amour véritable, brûlant et passionné – était enfin à lui.

Love—true, burning, and passionate love—was his at last.

Il n'avait jamais connu ce genre d'amour dans le domaine de Miller.

He had never known this kind of love at Miller's estate.

Avec les fils du juge, il avait partagé le travail et l'aventure.

With the Judge's sons, he had shared work and adventure.

Chez les petits-fils, il vit une fierté raide et vantarde.

With the grandsons, he saw stiff and boastful pride.

Il entretenait avec le juge Miller lui-même une amitié respectueuse.

With Judge Miller himself, he had a respectful friendship.

Mais l'amour qui était feu, folie et adoration est venu avec Thornton.

But love that was fire, madness, and worship came with Thornton.

Cet homme avait sauvé la vie de Buck, et cela seul signifiait beaucoup.

This man had saved Buck's life, and that alone meant a great deal.

Mais plus que cela, John Thornton était le type de maître idéal.

But more than that, John Thornton was the ideal kind of master.

D'autres hommes s'occupaient de chiens par devoir ou par nécessité professionnelle.

Other men cared for dogs out of duty or business necessity.

John Thornton prenait soin de ses chiens comme s'ils étaient ses enfants.

John Thornton cared for his dogs as if they were his children.

Il prenait soin d'eux parce qu'il les aimait et qu'il ne pouvait tout simplement pas s'en empêcher.

He cared for them because he loved them and simply could not help it.

John Thornton a vu encore plus loin que la plupart des hommes n'ont jamais réussi à voir.

John Thornton saw even further than most men ever managed to see.

Il n'oubliait jamais de les saluer gentiment ou de leur adresser un mot d'encouragement.

He never forgot to greet them kindly or speak a cheering word.

Il adorait s'asseoir avec les chiens pour de longues conversations, ou « gazeuses », comme il disait.

He loved sitting down with the dogs for long talks, or "gassy," as he said.

Il aimait saisir brutalement la tête de Buck entre ses mains fortes.

He liked to seize Buck's head roughly between his strong hands.

Puis il posa sa tête contre celle de Buck et le secoua doucement.

Then he rested his own head against Buck's and shook him gently.

Pendant tout ce temps, il traitait Buck de noms grossiers qui signifiaient de l'amour pour Buck.

All the while, he called Buck rude names that meant love to Buck.

Pour Buck, cette étreinte brutale et ces mots ont apporté une joie profonde.

To Buck, that rough embrace and those words brought deep joy.

Son cœur semblait se déchaîner de bonheur à chaque mouvement.

His heart seemed to shake loose with happiness at each movement.

Lorsqu'il se releva ensuite, sa bouche semblait rire.

When he sprang up afterward, his mouth looked like it laughed.

Ses yeux brillaient et sa gorge tremblait d'une joie inexprimée.

His eyes shone brightly and his throat trembled with unspoken joy.

Son sourire resta figé dans cet état d'émotion et d'affection rayonnante.

His smile stood still in that state of emotion and glowing affection.

Thornton s'exclama alors pensivement : « Mon Dieu ! Il peut presque parler ! »

Then Thornton exclaimed thoughtfully, "God! he can almost speak!"

Buck avait une étrange façon d'exprimer son amour qui causait presque de la douleur.

Buck had a strange way of expressing love that nearly caused pain.

Il serrait souvent très fort la main de Thornton entre ses dents.

He often griped Thornton's hand in his teeth very tightly.

La morsure allait laisser des marques profondes qui resteraient un certain temps après.

The bite was going to leave deep marks that stayed for some time after.

Buck croyait que ces serments étaient de l'amour, et
Thornton savait la même chose.

Buck believed those oaths were love, and Thornton knew the
same.

Le plus souvent, l'amour de Buck se manifestait par une
adoration silencieuse, presque silencieuse.

Most often, Buck's love showed in quiet, almost silent
adoration.

Bien qu'il soit ravi lorsqu'on le touche ou qu'on lui parle, il
ne cherche pas à attirer l'attention.

Though thrilled when touched or spoken to, he did not seek
attention.

Skeet a poussé son nez sous la main de Thornton jusqu'à ce
qu'il la caresse.

Skeet nudged her nose under Thornton's hand until he petted
her.

Nig s'approcha tranquillement et posa sa grosse tête sur le
genou de Thornton.

Nig walked up quietly and rested his large head on
Thornton's knee.

Buck, au contraire, se contentait d'aimer à distance
respectueuse.

Buck, in contrast, was satisfied to love from a respectful
distance.

Il resta allongé pendant des heures aux pieds de Thornton,
alerte et observant attentivement.

He lied for hours at Thornton's feet, alert and watching
closely.

Buck étudiait chaque détail du visage de son maître et le
moindre mouvement.

Buck studied every detail of his master's face and slightest
motion.

Ou bien il était allongé plus loin, étudiant la silhouette de
l'homme en silence.

Or lied farther away, studying the man's shape in silence.

Buck observait chaque petit mouvement, chaque
changement de posture ou de geste.

Buck watched each small move, each shift in posture or gesture.

Ce lien était si puissant qu'il attirait souvent le regard de Thornton.

So powerful was this connection that often pulled Thornton's gaze.

Il rencontra les yeux de Buck sans un mot, l'amour brillant clairement à travers.

He met Buck's eyes with no words, love shining clearly through.

Pendant longtemps après avoir été sauvé, Buck n'a jamais laissé Thornton hors de vue.

For a long while after being saved, Buck never let Thornton out of sight.

Chaque fois que Thornton quittait la tente, Buck le suivait de près à l'extérieur.

Whenever Thornton left the tent, Buck followed him closely outside.

Tous les maîtres sévères du Northland avaient fait que Buck avait peur de faire confiance.

All the harsh masters in the Northland had made Buck afraid to trust.

Il craignait qu'aucun homme ne puisse rester son maître plus d'un court instant.

He feared no man could remain his master for more than a short time.

Il craignait que John Thornton ne disparaisse comme Perrault et François.

He feared John Thornton was going to vanish like Perrault and François.

Même la nuit, la peur de le perdre hantait le sommeil agité de Buck.

Even at night, the fear of losing him haunted Buck's restless sleep.

Quand Buck se réveilla, il se glissa dehors dans le froid et se dirigea vers la tente.

When Buck woke, he crept out into the cold, and went to the tent.

Il écoutait attentivement le doux bruit de la respiration à l'intérieur.

He listened carefully for the soft sound of breathing inside.

Malgré l'amour profond de Buck pour John Thornton, la nature sauvage est restée vivante.

Despite Buck's deep love for John Thornton, the wild stayed alive.

Cet instinct primitif, éveillé dans le Nord, n'a pas disparu.

That primitive instinct, awakened in the North, did not disappear.

L'amour a apporté la dévotion, la loyauté et le lien chaleureux du coin du feu.

Love brought devotion, loyalty, and the fire-side's warm bond.

Mais Buck a également conservé son instinct sauvage, vif et toujours en alerte.

But Buck also kept his wild instincts, sharp and ever alert.

Il n'était pas seulement un animal de compagnie apprivoisé venu des terres douces de la civilisation.

He was not just a tamed pet from the soft lands of civilization.

Buck était un être sauvage qui était venu s'asseoir près du feu de Thornton.

Buck was a wild being who had come in to sit by Thornton's fire.

Il ressemblait à un chien du Southland, mais la sauvagerie vivait en lui.

He looked like a Southland dog, but wildness lived within him.

Son amour pour Thornton était trop grand pour permettre de voler cet homme.

His love for Thornton was too great to allow theft from the man.

Mais dans n'importe quel autre camp, il volerait avec audace et sans relâche.

But in any other camp, he would steal boldly and without pause.

Il était si habile à voler que personne ne pouvait l'attraper ou l'accuser.

He was so clever in stealing that no one could catch or accuse him.

Son visage et son corps étaient couverts de cicatrices dues à de nombreux combats passés.

His face and body were covered in scars from many past fights.

Buck se battait toujours avec acharnement, mais maintenant il se battait avec plus de ruse.

Buck still fought fiercely, but now he fought with more cunning.

Skeet et Nig étaient trop doux pour se battre, et ils appartenaient à Thornton.

Skeet and Nig were too gentle to fight, and they were Thornton's.

Mais tout chien étranger, aussi fort ou courageux soit-il, cédait.

But any strange dog, no matter how strong or brave, gave way.

Sinon, le chien se retrouvait à lutter contre Buck, à se battre pour sa vie.

Otherwise, the dog found itself battling Buck; fighting for its life.

Buck n'a eu aucune pitié une fois qu'il a choisi de se battre contre un autre chien.

Buck had no mercy once he chose to fight against another dog.

Il avait bien appris la loi du gourdin et des crocs dans le Nord.

He had learned well the law of club and fang in the Northland.

Il n'a jamais abandonné un avantage et n'a jamais reculé devant la bataille.

He never gave up an advantage and never backed away from battle.

Il avait étudié les Spitz et les chiens les plus féroces de la poste et de la police.

He had studied Spitz and the fiercest dogs of mail and police.

Il savait clairement qu'il n'y avait pas de juste milieu dans un combat sauvage.

He knew clearly there was no middle ground in wild combat.

Il doit gouverner ou être gouverné ; faire preuve de miséricorde signifie faire preuve de faiblesse.

He must rule or be ruled; showing mercy meant showing weakness.

La miséricorde était inconnue dans le monde brut et brutal de la survie.

Mercy was unknown in the raw and brutal world of survival.

Faire preuve de miséricorde était perçu comme de la peur, et la peur menait rapidement à la mort.

To show mercy was seen as fear, and fear led quickly to death.

L'ancienne loi était simple : tuer ou être tué, manger ou être mangé.

The old law was simple: kill or be killed, eat or be eaten.

Cette loi venait des profondeurs du temps, et Buck la suivait pleinement.

That law came from the depths of time, and Buck followed it fully.

Buck était plus vieux que son âge et que le nombre de respirations qu'il prenait.

Buck was older than his years and the number of breaths he took.

Il a clairement relié le passé ancien au moment présent.

He connected the ancient past with the present moment clearly.

Les rythmes profonds des âges le traversaient comme les marées.

The deep rhythms of the ages moved through him like the tides.

Le temps pulsait dans son sang aussi sûrement que les saisons faisaient bouger la terre.

Time pulsed in his blood as surely as seasons moved the earth.

Il était assis près du feu de Thornton, la poitrine forte et les crocs blancs.

He sat by Thornton's fire, strong-chested and white-fanged.

Sa longue fourrure ondulait, mais derrière lui, les esprits des chiens sauvages observaient.

His long fur waved, but behind him the spirits of wild dogs watched.

Des demi-loups et des loups à part entière s'agitaient dans son cœur et dans ses sens.

Half-wolves and full wolves stirred within his heart and senses.

Ils goûtèrent sa viande et burent la même eau que lui.

They tasted his meat and drank the same water that he did.

Ils reniflaient le vent à ses côtés et écoutaient la forêt.

They sniffed the wind alongside him and listened to the forest.

Ils murmuraient la signification des sons sauvages dans l'obscurité.

They whispered the meanings of the wild sounds in the darkness.

Ils façonnaient ses humeurs et guidaient chacune de ses réactions silencieuses.

They shaped his moods and guided each of his quiet reactions.

Ils se sont couchés avec lui pendant son sommeil et sont devenus une partie de ses rêves profonds.

They lay with him as he slept and became part of his deep dreams.

Ils rêvaient avec lui, au-delà de lui, et constituaient son esprit même.

They dreamed with him, beyond him, and made up his very spirit.

Les esprits de la nature appelèrent si fort que Buck se sentit attiré.

The spirits of the wild called so strongly that Buck felt pulled.

Chaque jour, l'humanité et ses revendications s'affaiblissaient dans le cœur de Buck.

Each day, mankind and its claims grew weaker in Buck's heart.

Au plus profond de la forêt, un appel étrange et palpitant allait s'élever.

Deep in the forest, a strange and thrilling call was going to rise.

Chaque fois qu'il entendait l'appel, Buck ressentait une envie à laquelle il ne pouvait résister.

Every time he heard the call, Buck felt an urge he could not resist.

Il allait se détourner du feu et des sentiers battus des humains.

He was going to turn from the fire and from the beaten human paths.

Il allait s'enfoncer dans la forêt, avançant sans savoir pourquoi.

He was going to plunge into the forest, going forward without knowing why.

Il ne remettait pas en question cette attraction, car l'appel était profond et puissant.

He did not question this pull, for the call was deep and powerful.

Souvent, il atteignait l'ombre verte et la terre douce et intacte

Often, he reached the green shade and soft untouched earth

Mais ensuite, son amour profond pour John Thornton l'a ramené vers le feu.

But then the strong love for John Thornton pulled him back to the fire.

Seul John Thornton tenait véritablement le cœur sauvage de Buck entre ses mains.

Only John Thornton truly held Buck's wild heart in his grasp.

Le reste de l'humanité n'avait aucune valeur ni signification durable pour Buck.

The rest of mankind had no lasting value or meaning to Buck.

Les étrangers pourraient le féliciter ou caresser sa fourrure avec des mains amicales.

Strangers might praise him or stroke his fur with friendly hands.

Buck resta impassible et s'éloigna à cause de trop d'affection.

Buck remained unmoved and walked off from too much affection.

Hans et Pete sont arrivés avec le radeau qu'ils attendaient depuis longtemps

Hans and Pete arrived with the raft that had long been awaited

Buck les a ignorés jusqu'à ce qu'il apprenne qu'ils étaient proches de Thornton.

Buck ignored them until he learned they were close to Thornton.

Après cela, il les a tolérés, mais ne leur a jamais montré toute sa chaleur.

After that, he tolerated them, but never showed them full warmth.

Il prenait de la nourriture ou des marques de gentillesse de leur part comme s'il leur rendait service.

He took food or kindness from them as if doing them a favor.

Ils étaient comme Thornton : simples, honnêtes et clairs dans leurs pensées.

They were like Thornton — simple, honest, and clear in thought.

Tous ensemble, ils se rendirent à la scierie de Dawson et au grand tourbillon

All together they traveled to Dawson's saw-mill and the great eddy

Au cours de leur voyage, ils ont appris à comprendre profondément la nature de Buck.

On their journey the learned to understand Buck's nature deeply.

Ils n'ont pas essayé de se rapprocher comme Skeet et Nig l'avaient fait.

They did not try to grow close like Skeet and Nig had done.

Mais l'amour de Buck pour John Thornton n'a fait que s'approfondir avec le temps.

But Buck's love for John Thornton only deepened over time.

Seul Thornton pouvait placer un sac sur le dos de Buck en été.

Only Thornton could place a pack on Buck's back in the summer.

Quoi que Thornton ordonne, Buck était prêt à l'exécuter pleinement.

Whatever Thornton commanded, Buck was willing to do fully.

Un jour, après avoir quitté Dawson pour les sources du Tanana,

One day, after they left Dawson for the headwaters of the Tanana,

le groupe était assis sur une falaise qui descendait d'un mètre jusqu'au substrat rocheux nu.

the group sat on a cliff that dropped three feet to bare bedrock.

John Thornton était assis près du bord et Buck se reposait à côté de lui.

John Thornton sat near the edge, and Buck rested beside him.

Thornton eut une pensée soudaine et attira l'attention des hommes.

Thornton had a sudden thought and called the men's attention.

Il désigna le gouffre et donna un seul ordre à Buck.

He pointed across the chasm and gave Buck a single command.

« Saute, Buck ! » dit-il en balançant son bras au-dessus de la chute.

"Jump, Buck!" he said, swinging his arm out over the drop.

En un instant, il dut attraper Buck, qui sautait pour obéir.

In a moment, he had to grab Buck, who was leaping to obey.

Hans et Pete se sont précipités en avant et ont ramené les deux hommes en sécurité.

Hans and Pete rushed forward and pulled both back to safety.

Une fois que tout fut terminé et qu'ils eurent repris leur souffle, Pete prit la parole.

After all ended, and they had caught their breath, Pete spoke up.

« L'amour est étrange », dit-il, secoué par la dévotion féroce du chien.

"The love's uncanny," he said, shaken by the dog's fierce devotion.

Thornton secoua la tête et répondit avec un sérieux calme.

Thornton shook his head and replied with calm seriousness.

« Non, l'amour est splendide », dit-il, « mais aussi terrible. »

"No, the love is splendid," he said, "but also terrible."

« Parfois, je dois l'admettre, ce genre d'amour me fait peur. »

"Sometimes, I must admit, this kind of love makes me afraid."

Pete hocha la tête et dit : « Je détesterais être l'homme qui te touche. »

Pete nodded and said, "I'd hate to be the man who touches you."

Il regarda Buck pendant qu'il parlait, sérieux et plein de respect.

He looked at Buck as he spoke, serious and full of respect.

« Py Jingo ! » s'empressa de dire Hans. « Moi non plus, non monsieur. »

"Py Jingo!" said Hans quickly. "Me either, no sir."

Avant la fin de l'année, les craintes de Pete se sont réalisées à Circle City.

Before the year ended, Pete's fears came true at Circle City.

Un homme cruel nommé Black Burton a provoqué une bagarre dans le bar.

A cruel man named Black Burton picked a fight in the bar.

Il était en colère et malveillant, s'en prenant à un nouveau tendre.

He was angry and malicious, lashing out at a new tenderfoot.

John Thornton est intervenu, calme et de bonne humeur comme toujours.

John Thornton stepped in, calm and good-natured as always.

Buck était allongé dans un coin, la tête baissée, observant Thornton de près.

Buck lay in a corner, head down, watching Thornton closely.

Burton frappa soudainement, son coup envoyant Thornton tourner.

Burton suddenly struck, his punch sending Thornton spinning.

Seule la barre du bar l'a empêché de s'écraser violemment au sol.

Only the bar's rail kept him from crashing hard to the ground.

Les observateurs ont entendu un son qui n'était ni un aboiement ni un cri.

The watchers heard a sound that was not bark or yelp

un rugissement profond sortit de Buck alors qu'il se lançait vers l'homme.

a deep roar came from Buck as he launched toward the man.

Burton a levé le bras et a sauvé sa vie de justesse.

Burton threw his arm up and barely saved his own life.

Buck l'a percuté, le faisant tomber à plat sur le sol.

Buck crashed into him, knocking him flat onto the floor.

Buck mordit profondément le bras de l'homme, puis se jeta à la gorge.

Buck bit deep into the man's arm, then lunged for the throat.

Burton n'a pu bloquer que partiellement et son cou a été déchiré.

Burton could only partly block, and his neck was torn open.

Des hommes se sont précipités, les bâtons levés, et ont chassé Buck de l'homme ensanglanté.

Men rushed in, clubs raised, and drove Buck off the bleeding man.

Un chirurgien est intervenu rapidement pour arrêter l'écoulement du sang.

A surgeon worked quickly to stop the blood from flowing out.

Buck marchait de long en large et grognait, essayant d'attaquer encore et encore.

Buck paced and growled, trying to attack again and again.

Seuls les coups de massue l'ont empêché d'atteindre Burton.

Only swinging clubs kept him back from reaching Burton.

Une réunion de mineurs a été convoquée et tenue sur place.

A miners' meeting was called and held right there on the spot.

Ils ont convenu que Buck avait été provoqué et ont voté pour le libérer.

They agreed Buck had been provoked and voted to set him free.

Mais le nom féroce de Buck résonnait désormais dans tous les camps d'Alaska.

But Buck's fierce name now echoed in every camp in Alaska.

Plus tard cet automne-là, Buck sauva à nouveau Thornton d'une nouvelle manière.

Later that fall, Buck saved Thornton again in a new way.

Les trois hommes guidaient un long bateau sur des rapides impétueux.

The three men were guiding a long boat down rough rapids.

Thornton dirigeait le bateau et donnait des indications pour se rendre sur le rivage.

Thornton maned the boat, calling directions to the shoreline.

Hans et Pete couraient sur terre, tenant une corde d'arbre en arbre.

Hans and Pete ran on land, holding a rope from tree to tree.

Buck suivait le rythme sur la rive, surveillant toujours son maître.

Buck kept pace on the bank, always watching his master.

À un endroit désagréable, des rochers surplombaient les eaux vives.

At one nasty place, rocks jutted out under the fast water.

Hans lâcha la corde et Thornton dirigea le bateau vers le large.

Hans let go of the rope, and Thornton steered the boat wide.

Hans sprinta pour rattraper le bateau en passant devant les rochers dangereux.

Hans sprinted to catch the boat again past the dangerous rocks.

Le bateau a franchi le rebord mais a heurté une partie plus forte du courant.

The boat cleared the ledge but hit a stronger part of the current.

Hans a attrapé la corde trop vite et a déséquilibré le bateau.

Hans grabbed the rope too quickly and pulled the boat off balance.

Le bateau s'est retourné et a heurté la berge, cul en l'air.

The boat flipped over and slammed into the bank, bottom up.

Thornton a été jeté dehors et emporté dans la partie la plus sauvage de l'eau.

Thornton was thrown out and swept into the wildest part of the water.

Aucun nageur n'aurait pu survivre dans ces eaux mortelles et tumultueuses.

No swimmer could have survived in those deadly, racing waters.

Buck sauta instantanément et poursuivit son maître sur la rivière.

Buck jumped in instantly and chased his master down the river.

Après trois cents mètres, il atteignit enfin Thornton.

After three hundred yards, he reached Thornton at last.

Thornton attrapa la queue de Buck, et Buck se tourna vers le rivage.

Thornton grabbed Buck's tail, and Buck turned for the shore.

Il nageait de toutes ses forces, luttant contre la force de l'eau.

He swam with full strength, fighting the water's wild drag.

Ils se déplaçaient en aval plus vite qu'ils ne pouvaient atteindre le rivage.

They moved downstream faster than they could reach the shore.

Plus loin, la rivière rugissait plus fort alors qu'elle tombait dans des rapides mortels.

Ahead, the river roared louder as it fell into deadly rapids.

Les rochers fendaient l'eau comme les dents d'un énorme peigne.

Rocks sliced through the water like the teeth of a huge comb.

L'attraction de l'eau près de la chute était sauvage et inévitable.

The pull of the water near the drop was savage and inescapable.

Thornton savait qu'ils ne pourraient jamais atteindre le rivage à temps.

Thornton knew they could never make the shore in time.

Il a gratté un rocher, s'est écrasé sur un deuxième,

He scraped over one rock, smashed across a second,

Et puis il s'est écrasé contre un troisième rocher, l'attrapant à deux mains.

And then he crashed into a third rock, grabbing it with both hands.

Il lâcha Buck et cria par-dessus le rugissement : « Vas-y, Buck ! Vas-y ! »

He let go of Buck and shouted over the roar, "Go, Buck! Go!"

Buck n'a pas pu rester à flot et a été emporté par le courant.

Buck could not stay afloat and was swept down by the current.

Il s'est battu avec acharnement, s'efforçant de se retourner, mais n'a fait aucun progrès.

He fought hard, struggling to turn, but made no headway at all.

Puis il entendit Thornton répéter l'ordre par-dessus le rugissement de la rivière.

Then he heard Thornton repeat the command over the river's roar.

Buck sortit de l'eau et leva la tête comme pour un dernier regard.

Buck reared out of the water, raised his head as if for a last look.

puis il se retourna et obéit, nageant vers la rive avec résolution.

then turned and obeyed, swimming toward the bank with resolve.

Pete et Hans l'ont tiré à terre au dernier moment possible.

Pete and Hans pulled him ashore at the final possible moment.

Ils savaient que Thornton ne pourrait s'accrocher au rocher que quelques minutes de plus.

They knew Thornton could cling to the rock for only minutes more.

Ils coururent sur la berge jusqu'à un endroit bien au-dessus de l'endroit où il était suspendu.

They ran up the bank to a spot far above where he was hanging.

Ils ont soigneusement attaché la ligne du bateau au cou et aux épaules de Buck.

They tied the boat's line to Buck's neck and shoulders carefully.

La corde était serrée mais suffisamment lâche pour permettre la respiration et le mouvement.

The rope was snug but loose enough for breathing and movement.

Puis ils le jetèrent à nouveau dans la rivière tumultueuse et mortelle.

Then they launched him into the rushing, deadly river again.

Buck nageait avec audace mais manquait son angle face à la force du courant.

Buck swam boldly but missed his angle into the stream's force.

Il a vu trop tard qu'il allait dépasser Thornton.

He saw too late that he was going to drift past Thornton.

Hans tira fort sur la corde, comme si Buck était un bateau en train de chavirer.

Hans jerked the rope tight, as if Buck were a capsizing boat.

Le courant l'a entraîné vers le fond et il a disparu sous la surface.

The current pulled him under, and he vanished below the surface.

Son corps a heurté la berge avant que Hans et Pete ne le sortent.

His body struck the bank before Hans and Pete pulled him out.

Il était à moitié noyé et ils l'ont chassé de l'eau.

He was half-drowned, and they pounded the water out of him.

Buck se leva, tituba et s'effondra à nouveau sur le sol.

Buck stood, staggered, and collapsed again onto the ground.

Puis ils entendirent la voix de Thornton faiblement portée par le vent.

Then they heard Thornton's voice faintly carried by the wind.

Même si les mots n'étaient pas clairs, ils savaient qu'il était proche de la mort.

Though the words were unclear, they knew he was near death.

Le son de la voix de Thornton frappa Buck comme une décharge électrique.

The sound of Thornton's voice hit Buck like an electric jolt.

Il sauta et courut sur la berge, retournant au point de lancement.

He jumped up and ran up the bank, returning to the launch point.

Ils attachèrent à nouveau la corde à Buck, et il entra à nouveau dans le ruisseau.

Again they tied the rope to Buck, and again he entered the stream.

Cette fois, il nagea directement et fermement dans l'eau tumultueuse.

This time, he swam directly and firmly into the rushing water.

Hans laissa sortir la corde régulièrement tandis que Pete l'empêchait de s'emmêler.

Hans let out the rope steadily while Pete kept it from tangling.

Buck a nagé avec acharnement jusqu'à ce qu'il soit aligné juste au-dessus de Thornton.

Buck swam hard until he was lined up just above Thornton.

Puis il s'est retourné et a foncé comme un train à toute vitesse.

Then he turned and charged down like a train in full speed.

Thornton le vit arriver, se redressa et entoura son cou de ses bras.

Thornton saw him coming, braced, and locked arms around his neck.

Hans a attaché la corde fermement autour d'un arbre alors qu'ils étaient tous les deux entraînés sous l'eau.

Hans tied the rope fast around a tree as both were pulled under.

Ils ont dégringolé sous l'eau, s'écrasant contre des rochers et des débris de la rivière.

They tumbled underwater, smashing into rocks and river debris.

Un instant, Buck était au sommet, l'instant d'après, Thornton se levait en haletant.

One moment Buck was on top, the next Thornton rose gasping.

Battus et étouffés, ils se dirigèrent vers la rive et la sécurité.

Battered and choking, they veered to the bank and safety.

Thornton a repris connaissance, allongé sur un tronc d'arbre.

Thornton regained consciousness, lying across a drift log.

Hans et Pete ont travaillé dur pour lui redonner souffle et vie.

Hans and Pete worked him hard to bring back breath and life.

Sa première pensée fut pour Buck, qui gisait immobile et mou.

His first thought was for Buck, who lay motionless and limp.

Nig hurla sur le corps de Buck et Skeet lui lécha doucement le visage.

Nig howled over Buck's body, and Skeet licked his face gently.

Thornton, endolori et meurtri, examina Buck avec des mains prudentes.

Thornton, sore and bruised, examined Buck with careful hands.

Il a trouvé trois côtes cassées, mais aucune blessure mortelle chez le chien.

He found three ribs broken, but no deadly wounds in the dog.

« C'est réglé », dit Thornton. « On campe ici. » Et c'est ce qu'ils firent.

"That settles it," Thornton said. "We camp here." And they did.

Ils sont restés jusqu'à ce que les côtes de Buck soient guéries et qu'il puisse à nouveau marcher.

They stayed until Buck's ribs healed and he could walk again.

Cet hiver-là, Buck accomplit un exploit qui augmenta encore sa renommée.

That winter, Buck performed a feat that raised his fame further.

C'était moins héroïque que de sauver Thornton, mais tout aussi impressionnant.

It was less heroic than saving Thornton, but just as impressive.

À Dawson, les partenaires avaient besoin de provisions pour un long voyage.

At Dawson, the partners needed supplies for a distant journey.

Ils voulaient voyager vers l'Est, dans des terres sauvages et intactes.

They wanted to travel East, into untouched wilderness lands.

L'acte de Buck dans l'Eldorado Saloon a rendu ce voyage possible.

Buck's deed in the Eldorado Saloon made that trip possible.

Tout a commencé avec des hommes qui se vantaient de leurs chiens en buvant un verre.

It began with men bragging about their dogs over drinks.

La renommée de Buck a fait de lui la cible de défis et de doutes.

Buck's fame made him the target of challenges and doubt.

Thornton, fier et calme, resta ferme dans la défense du nom de Buck.

Thornton, proud and calm, stood firm in defending Buck's name.

Un homme a déclaré que son chien pouvait facilement tirer deux cents kilos.

One man said his dog could pull five hundred pounds with ease.

Un autre a dit six cents, et un troisième s'est vanté d'en avoir sept cents.

Another said six hundred, and a third bragged seven hundred.

« Pfft ! » dit John Thornton, « Buck peut tirer un traîneau de mille livres. »

"Pfft!" said John Thornton, "Buck can pull a thousand pound sled."

Matthewson, un roi de Bonanza, s'est penché en avant et l'a défié.

Matthewson, a Bonanza King, leaned forward and challenged him.

« Tu penses qu'il peut mettre autant de poids en mouvement ? »

"You think he can put that much weight into motion?"

« Et tu penses qu'il peut tirer le poids sur une centaine de mètres ? »

"And you think he can pull the weight a full hundred yards?"

Thornton répondit froidement : « Oui. Buck est assez doué pour le faire. »

Thornton replied coolly, "Yes. Buck is dog enough to do it."

« Il mettra mille livres en mouvement et le tirera sur une centaine de mètres. »

"He'll put a thousand pounds into motion, and pull it a hundred yards."

Matthewson sourit lentement et s'assura que tous les hommes entendaient ses paroles.

Matthewson smiled slowly and made sure all men heard his words.

« J'ai mille dollars qui disent qu'il ne peut pas. Le voilà. »

"I've got a thousand dollars that says he can't. There it is."

Il a claqué un sac de poussière d'or de la taille d'une saucisse sur le bar.

He slammed a sack of gold dust the size of sausage on the bar.

Personne ne dit un mot. Le silence devint pesant et tendu autour d'eux.

Nobody said a word. The silence grew heavy and tense around them.

Le bluff de Thornton – s'il en était un – avait été pris au sérieux.

Thornton's bluff—if it was one—had been taken seriously.

Il sentit la chaleur monter sur son visage tandis que le sang affluait sur ses joues.

He felt heat rise in his face as blood rushed to his cheeks.

Sa langue avait pris le pas sur sa raison à ce moment-là.

His tongue had gotten ahead of his reason in that moment.

Il ne savait vraiment pas si Buck pouvait déplacer mille livres.

He truly didn't know if Buck could move a thousand pounds.

Une demi-tonne ! Rien que sa taille lui pesait le cœur.

Half a ton! The size of it alone made his heart feel heavy.

Il avait foi en la force de Buck et le pensait capable.

He had faith in Buck's strength and had thought him capable.

Mais il n'avait jamais été confronté à ce genre de défi, pas comme celui-ci.

But he had never faced this kind of challenge, not like this.

Une douzaine d'hommes l'observaient tranquillement, attendant de voir ce qu'il allait faire.

A dozen men watched him quietly, waiting to see what he'd do.

Il n'avait pas d'argent, ni Hans ni Pete.

He didn't have the money—neither did Hans or Pete.

« J'ai un traîneau dehors », dit Matthewson froidement et directement.

"I've got a sled outside," said Matthewson coldly and direct.

« Il est chargé de vingt sacs de cinquante livres chacun, tous de farine.

"It's loaded with twenty sacks, fifty pounds each, all flour.

« Alors ne laissez pas un traîneau manquant devenir votre excuse maintenant », a-t-il ajouté.

So don't let a missing sled be your excuse now," he added.

Thornton resta silencieux. Il ne savait pas quels mots lui dire.

Thornton stood silent. He didn't know what words to offer.

Il regarda les visages autour de lui sans les voir clairement.

He looked around at the faces without seeing them clearly.

Il ressemblait à un homme figé dans ses pensées, essayant de redémarrer.

He looked like a man frozen in thought, trying to restart.

Puis il a vu Jim O'Brien, un ami de l'époque Mastodon.

Then he saw Jim O'Brien, a friend from the Mastodon days.

Ce visage familier lui a donné un courage qu'il ne savait pas avoir.

That familiar face gave him courage he didn't know he had.

Il se tourna et demanda à voix basse : « Peux-tu me prêter mille ? »

He turned and asked in a low voice, "Can you lend me a thousand?"

« Bien sûr », dit O'Brien, laissant déjà tomber un lourd sac près de l'or.

"Sure," said O'Brien, dropping a heavy sack by the gold already.

« Mais honnêtement, John, je ne crois pas que la bête puisse faire ça. »

"But truthfully, John, I don't believe the beast can do this."

Tout le monde dans le Saloon Eldorado s'est précipité dehors pour voir l'événement.

Everyone in the Eldorado Saloon rushed outside to see the event.

Ils ont laissé les tables et les boissons, et même les jeux ont été interrompus.

They left tables and drinks, and even the games were paused.

Les croupiers et les joueurs sont venus assister à la fin de ce pari audacieux.

Dealers and gamblers came to witness the bold wager's end.

Des centaines de personnes se sont rassemblées autour du traîneau dans la rue glacée.

Hundreds gathered around the sled in the icy open street.

Le traîneau de Matthewson était chargé d'une charge complète de sacs de farine.

Matthewson's sled stood with a full load of flour sacks.

Le traîneau était resté immobile pendant des heures à des températures négatives.

The sled had been sitting for hours in minus temperatures.

Les patins du traîneau étaient gelés et collés à la neige tassée.

The sled's runners were frozen tight to the packed-down snow.

Les hommes ont offert une cote de deux contre un que Buck ne pourrait pas déplacer le traîneau.

Men offered two-to-one odds that Buck could not move the sled.

Une dispute a éclaté sur ce que signifiait réellement « sortir ».

A dispute broke out about what "break out" really meant.

O'Brien a déclaré que Thornton devrait desserrer la base gelée du traîneau.

O'Brien said Thornton should loosen the sled's frozen base.

Buck pourrait alors « sortir » d'un départ solide et immobile.

Buck could then "break out" from a solid, motionless start.

Matthewson a soutenu que le chien devait également libérer les coureurs.

Matthewson argued the dog must break the runners free too.

Les hommes qui avaient entendu le pari étaient d'accord avec le point de vue de Matthewson.

The men who had heard the bet agreed with Matthewson's view.

Avec cette décision, les chances sont passées à trois contre un contre Buck.

With that ruling, the odds jumped to three-to-one against Buck.

Personne ne s'est manifesté pour prendre en compte les chances croissantes de trois contre un.

No one stepped forward to take the growing three-to-one odds.

Pas un seul homme ne croyait que Buck pouvait accomplir un tel exploit.

Not a single man believed Buck could perform the great feat.

Thornton s'était précipité dans le pari, lourd de doutes.

Thornton had been rushed into the bet, heavy with doubts.

Il regarda alors le traîneau et l'attelage de dix chiens à côté.

Now he looked at the sled and the ten-dog team beside it.

En voyant la réalité de la tâche, elle semblait encore plus impossible.

Seeing the reality of the task made it seem more impossible.

Matthewson était plein de fierté et de confiance à ce moment-là.

Matthewson was full of pride and confidence in that moment.

« Trois contre un ! » cria-t-il. « Je parie mille de plus, Thornton !

"Three to one!" he shouted. "I'll bet another thousand, Thornton!

« Que dites-vous ? » ajouta-t-il, assez fort pour que tout le monde l'entende.

What do you say?" he added, loud enough for all to hear.

Le visage de Thornton exprimait ses doutes, mais son esprit s'était élevé.

Thornton's face showed his doubts, but his spirit had risen.

Cet esprit combatif ignorait les probabilités et ne craignait rien du tout.

That fighting spirit ignored odds and feared nothing at all.

Il a appelé Hans et Pete pour apporter tout leur argent sur la table.

He called Hans and Pete to bring all their cash to the table.

Il ne leur restait plus grand-chose : seulement deux cents dollars au total.

They had little left—only two hundred dollars combined.

Cette petite somme représentait toute leur fortune pendant les temps difficiles.

This small sum was their total fortune during hard times.

Pourtant, ils ont misé toute leur fortune contre le pari de Matthewson.

Still, they laid all of the fortune down against Matthewson's bet.

L'attelage de dix chiens a été dételé et éloigné du traîneau.

The ten-dog team was unhitched and moved away from the sled.

Buck a été placé dans les rênes, portant son harnais familier.

Buck was placed in the reins, wearing his familiar harness.

Il avait capté l'énergie de la foule et ressenti la tension.

He had caught the energy of the crowd and felt the tension.

D'une manière ou d'une autre, il savait qu'il devait faire quelque chose pour John Thornton.

Somehow, he knew he had to do something for John Thornton.

Les gens murmuraient avec admiration devant la fière silhouette du chien.

People murmured with admiration at the dog's proud figure.

Il était mince et fort, sans une seule once de chair supplémentaire.

He was lean and strong, without a single extra ounce of flesh.

Son poids total de cent cinquante livres n'était que puissance et endurance.

His full weight of hundred fifty pounds was all power and endurance.

Le pelage de Buck brillait comme de la soie, épais de santé et de force.

Buck's coat gleamed like silk, thick with health and strength.

La fourrure le long de son cou et de ses épaules semblait se soulever et se hérisser.

The fur along his neck and shoulders seemed to lift and bristle.

Sa crinière bougeait légèrement, chaque cheveu vivant de sa grande énergie.

His mane moved slightly, each hair alive with his great energy.

Sa large poitrine et ses jambes fortes correspondaient à sa silhouette lourde et robuste.

His broad chest and strong legs matched his heavy, tough frame.

Des muscles ondulaient sous son manteau, tendus et fermes comme du fer lié.

Muscles rippled under his coat, tight and firm as bound iron.

Les hommes le touchaient et juraient qu'il était bâti comme une machine en acier.

Men touched him and swore he was built like a steel machine.

Les chances ont légèrement baissé à deux contre un contre le grand chien.

The odds dropped slightly to two to one against the great dog.

Un homme des bancs de Skookum s'avança en bégayant.

A man from the Skookum Benches pushed forward, stuttering.

« Bien, monsieur ! J'offre huit cents pour lui – avant l'examen, monsieur ! »

"Good, sir! I offer eight hundred for him—before the test, sir!"

« Huit cents, tel qu'il est en ce moment ! » insista l'homme.

"Eight hundred, as he stands right now!" the man insisted.

Thornton s'avança, sourit et secoua calmement la tête.

Thornton stepped forward, smiled, and shook his head calmly.

Matthewson est rapidement intervenu avec une voix d'avertissement et un froncement de sourcils.

Matthewson quickly stepped in with a warning voice and frown.

« Éloignez-vous de lui », dit-il. « Laissez-lui de l'espace. »

"You must step away from him," he said. "Give him space."

La foule se tut ; seuls les joueurs continuaient à miser deux contre un.

The crowd grew silent; only gamblers still offered two to one.

Tout le monde admirait la carrure de Buck, mais la charge semblait trop lourde.

Everyone admired Buck's build, but the load looked too great.

Vingt sacs de farine, pesant chacun cinquante livres, semblaient beaucoup trop.

Twenty sacks of flour—each fifty pounds in weight—seemed far too much.

Personne n'était prêt à ouvrir sa bourse et à risquer son argent.

No one was willing to open their pouch and risk their money.

Thornton s'agenouilla à côté de Buck et prit sa tête à deux mains.

Thornton knelt beside Buck and took his head in both hands.

Il pressa sa joue contre celle de Buck et lui parla à l'oreille.

He pressed his cheek against Buck's and spoke into his ear.

Il n'y avait plus de secousses enjouées ni d'insultes affectueuses murmurées.

There was no playful shaking or whispered loving insults now.

Il murmura simplement doucement : « Autant que tu m'aimes, Buck. »

He only murmured softly, "As much as you love me, Buck."

Buck émit un gémissement silencieux, son impatience à peine contenue.

Buck let out a quiet whine, his eagerness barely restrained.

Les spectateurs observaient avec curiosité la tension qui emplissait l'air.

The onlookers watched with curiosity as tension filled the air.

Le moment semblait presque irréel, comme quelque chose qui dépassait la raison.

The moment felt almost unreal, like something beyond reason.

Lorsque Thornton se leva, Buck prit doucement sa main dans ses mâchoires.

When Thornton stood, Buck gently took his hand in his jaws.

Il appuya avec ses dents, puis relâcha lentement et doucement.

He pressed down with his teeth, then let go slowly and gently.

C'était une réponse silencieuse d'amour, non prononcée, mais comprise.

It was a silent answer of love, not spoken, but understood.

Thornton s'éloigna du chien et donna le signal.

Thornton stepped well back from the dog and gave the signal.

« Maintenant, Buck », dit-il, et Buck répondit avec un calme concentré.

"Now, Buck," he said, and Buck responded with focused calm.

Buck a resserré les traces, puis les a desserrées de quelques centimètres.

Buck tightened the traces, then loosened them by a few inches.

C'était la méthode qu'il avait apprise ; sa façon de briser le traîneau.

This was the method he had learned; his way to break the sled.

« Tiens ! » cria Thornton, sa voix aiguë dans le silence pesant.

"Gee!" Thornton shouted, his voice sharp in the heavy silence.

Buck se tourna vers la droite et se jeta de tout son poids.

Buck turned to the right and lunged with all of his weight.

Le mou disparut et toute la masse de Buck heurta les lignes serrées.

The slack vanished, and Buck's full mass hit the tight traces.

Le traîneau tremblait et les patins émettaient un bruit de crépitement.

The sled trembled, and the runners made a crisp crackling sound.

« Haw ! » ordonna Thornton, changeant à nouveau la direction de Buck.

"Haw!" Thornton commanded, shifting Buck's direction again.

Buck répéta le mouvement, cette fois en tirant brusquement vers la gauche.

Buck repeated the move, this time pulling sharply to the left.

Le traîneau craquait plus fort, les patins claquaient et se déplaçaient.

The sled cracked louder, the runners snapping and shifting.

La lourde charge glissait légèrement latéralement sur la neige gelée.

The heavy load slid slightly sideways across the frozen snow.

Le traîneau s'était libéré de l'emprise du sentier glacé !

The sled had broken free from the grip of the icy trail!

Les hommes retenaient leur souffle, ignorant qu'ils ne respiraient même pas.

Men held their breath, unaware they were not even breathing.

« Maintenant, TIREZ ! » cria Thornton à travers le silence glacial.

"Now, PULL!" Thornton cried out across the frozen silence.

L'ordre de Thornton résonna fort, comme le claquement d'un fouet.

Thornton's command rang out sharp, like the crack of a whip.

Buck se jeta en avant avec un mouvement violent et saccadé.

Buck hurled himself forward with a fierce and jarring lunge.

Tout son corps se tendit et se contracta sous l'énorme tension.

His whole frame tensed and bunched for the massive strain.

Des muscles ondulaient sous sa fourrure comme des serpents prenant vie.

Muscles rippled under his fur like serpents coming alive.

Sa large poitrine était basse, la tête tendue vers l'avant en direction du traîneau.

His great chest was low, head stretched forward toward the sled.

Ses pattes bougeaient comme l'éclair, ses griffes tranchant le sol gelé.

His paws moved like lightning, claws slicing the frozen ground.

Des rainures ont été creusées profondément alors qu'il luttait pour chaque centimètre de traction.

Grooves were cut deep as he fought for every inch of traction.

Le traîneau se balança, trembla et commença un mouvement lent et agité.

The sled rocked, trembled, and began a slow, uneasy motion.

Un pied a glissé et un homme dans la foule a gémi à haute voix.

One foot slipped, and a man in the crowd groaned aloud.

Puis le traîneau s'élança en avant dans un mouvement saccadé et brusque.

Then the sled lunged forward in a jerking, rough movement.

Cela ne s'est pas arrêté à nouveau - un demi-pouce... un pouce... deux pouces de plus.

It didn't stop again—half an inch...an inch...two inches more.

Les secousses devinrent plus faibles à mesure que le traîneau commençait à prendre de la vitesse.

The jerks became smaller as the sled began to gather speed.

Bientôt, Buck tirait avec une puissance douce et régulière.

Soon Buck was pulling with smooth, even, rolling power.

Les hommes haletèrent et finirent par se rappeler de respirer à nouveau.

Men gasped and finally remembered to breathe again.

Ils n'avaient pas remarqué que leur souffle s'était arrêté de stupeur.

They had not noticed their breath had stopped in awe.

Thornton courait derrière, lançant des ordres courts et joyeux.

Thornton ran behind, calling out short, cheerful commands.

Devant nous se trouvait une pile de bois de chauffage qui marquait la distance.

Ahead was a stack of firewood that marked the distance.

Alors que Buck s'approchait du tas, les acclamations devenaient de plus en plus fortes.

As Buck neared the pile, the cheering grew louder and louder.

Les acclamations se sont transformées en rugissement lorsque Buck a dépassé le point d'arrivée.

The cheering swelled into a roar as Buck passed the end point.

Les hommes ont sauté et crié, même Matthewson a esquissé un sourire.

Men jumped and shouted, even Matthewson broke into a grin.

Les chapeaux volaient dans les airs, les mitaines étaient lancées sans réfléchir ni viser.

Hats flew into the air, mittens were tossed without thought or aim.

Les hommes se sont attrapés et se sont serré la main sans savoir à qui.

Men grabbed each other and shook hands without knowing who.

Toute la foule bourdonnait d'une célébration folle et joyeuse.

The whole crowd buzzed in wild, joyful celebration.

Thornton tomba à genoux à côté de Buck, les mains tremblantes.

Thornton dropped to his knees beside Buck with trembling hands.

Il pressa sa tête contre celle de Buck et le secoua doucement d'avant en arrière.

He pressed his head to Buck's and shook him gently back and forth.

Ceux qui s'approchaient l'entendaient maudire le chien avec un amour silencieux.

Those who approached heard him curse the dog with quiet love.

Il a insulté Buck pendant un long moment, doucement, chaleureusement, avec émotion.

He swore at Buck for a long time—softly, warmly, with emotion.

« Bien, monsieur ! Bien, monsieur ! » s'écria précipitamment le roi du Banc Skookum.

"Good, sir! Good, sir!" cried the Skookum Bench king in a rush.

« Je vous donne mille, non, douze cents, pour ce chien, monsieur ! »

"I'll give you a thousand—no, twelve hundred—for that dog, sir!"

Thornton se leva lentement, les yeux brillants d'émotion.

Thornton rose slowly to his feet, his eyes shining with emotion.

Les larmes coulaient ouvertement sur ses joues sans aucune honte.

Tears streamed openly down his cheeks without any shame.

« Monsieur », dit-il au roi du banc Skookum, ferme et posé.

"Sir," he said to the Skookum Bench king, steady and firm

« Non, monsieur. Allez au diable, monsieur. C'est ma réponse définitive. »

"No, sir. You can go to hell, sir. That's my final answer."

Buck attrapa doucement la main de Thornton dans ses mâchoires puissantes.

Buck grabbed Thornton's hand gently in his strong jaws.

Thornton le secoua de manière enjouée, leur lien étant plus profond que jamais.

Thornton shook him playfully, their bond deep as ever.

La foule, émue par l'instant, recula en silence.
The crowd, moved by the moment, stepped back in silence.
Dès lors, personne n'osa interrompre cette affection si sacrée.
From then on, none dared interrupt such sacred affection.

Le son de l'appel
The Sound of the Call

Buck avait gagné seize cents dollars en cinq minutes.
Buck had earned sixteen hundred dollars in five minutes.
Cet argent a permis à John Thornton de payer une partie de ses dettes.
The money let John Thornton pay off some of his debts.
Avec le reste de l'argent, il se dirigea vers l'Est avec ses partenaires.
With the rest of the money he headed East with his partners.
Ils cherchaient une mine perdue légendaire, aussi vieille que le pays lui-même.
They sought a fabled lost mine, as old as the country itself.
Beaucoup d'hommes avaient cherché la mine, mais peu l'avaient trouvée.
Many men had looked for the mine, but few had ever found it.
Plus d'un homme avait disparu au cours de cette quête dangereuse.
More than a few men had vanished during the dangerous quest.
Cette mine perdue était enveloppée à la fois de mystère et d'une vieille tragédie.
This lost mine was wrapped in both mystery and old tragedy.
Personne ne savait qui avait été le premier homme à découvrir la mine.
No one knew who the first man to find the mine had been.
Les histoires les plus anciennes ne mentionnent personne par son nom.
The oldest stories don't mention anyone by name.
Il y avait toujours eu là une vieille cabane délabrée.
There had always been an ancient ramshackle cabin there.
Des hommes mourants avaient juré qu'il y avait une mine à côté de cette vieille cabane.
Dying men had sworn there was a mine next to that old cabin.
Ils ont prouvé leurs histoires avec de l'or comme on n'en trouve nulle part ailleurs.

They proved their stories with gold like none found elsewhere.

Aucune âme vivante n'avait jamais pillé le trésor de cet endroit.

No living soul had ever looted the treasure from that place.

Les morts étaient morts, et les morts ne racontent pas d'histoires.

The dead were dead, and dead men tell no tales.

Thornton et ses amis se dirigèrent donc vers l'Est.

So Thornton and his friends headed into the East.

Pete et Hans se sont joints à eux, amenant Buck et six chiens forts.

Pete and Hans joined, bringing Buck and six strong dogs.

Ils se sont lancés sur un chemin inconnu là où d'autres avaient échoué.

They set off down an unknown trail where others had failed.

Ils ont parcouru soixante-dix milles en traîneau sur le fleuve Yukon gelé.

They sledded seventy miles up the frozen Yukon River.

Ils tournèrent à gauche et suivirent le sentier jusqu'au Stewart.

They turned left and followed the trail into the Stewart.

Ils passèrent le Mayo et le McQuestion, poursuivant leur route.

They passed the Mayo and McQuestion, pressing farther on.

Le Stewart s'est rétréci en un ruisseau, traversant des pics déchiquetés.

The Stewart shrank into a stream, threading jagged peaks.

Ces pics acérés marquaient l'épine dorsale même du continent.

These sharp peaks marked the very spine of the continent.

John Thornton exigeait peu des hommes ou de la nature sauvage.

John Thornton demanded little from men or the wild land.

Il ne craignait rien dans la nature et affrontait la nature sauvage avec aisance.

He feared nothing in nature and faced the wild with ease.

Avec seulement du sel et un fusil, il pouvait voyager où il le souhaitait.

With only salt and a rifle, he could travel where he wished.

Comme les indigènes, il chassait de la nourriture pendant ses voyages.

Like the natives, he hunted food while he journeyed along.

S'il n'attrapait rien, il continuait, confiant en la chance qui l'attendait.

If he caught nothing, he kept going, trusting luck ahead.

Au cours de ce long voyage, la viande était la principale nourriture qu'ils mangeaient.

On this long journey, meat was the main thing they ate.

Le traîneau contenait des outils et des munitions, mais aucun horaire strict.

The sled held tools and ammo, but no strict timetable.

Buck adorait cette errance, la chasse et la pêche sans fin.

Buck loved this wandering; the endless hunt and fishing.

Pendant des semaines, ils ont voyagé jour après jour.

For weeks they were traveling day after steady day.

D'autres fois, ils établissaient des camps et restaient immobiles pendant des semaines.

Other times they made camps and stayed still for weeks.

Les chiens se reposaient pendant que les hommes creusaient dans la terre gelée.

The dogs rested while the men dug through frozen dirt.

Ils chauffaient des poêles sur des feux et cherchaient de l'or caché.

They warmed pans over fires and searched for hidden gold.

Certains jours, ils souffraient de faim, et d'autres jours, ils faisaient des festins.

Some days they starved, and some days they had feasts.

Leurs repas dépendaient du gibier et de la chance de la chasse.

Their meals depended on the game and the luck of the hunt.

Quand l'été arrivait, les hommes et les chiens chargeaient des charges sur leur dos.

When summer came, men and dogs packed loads on their backs.

Ils ont fait du rafting sur des lacs bleus cachés dans des forêts de montagne.

They rafted across blue lakes hidden in mountain forests.

Ils naviguaient sur des bateaux minces sur des rivières qu'aucun homme n'avait jamais cartographiées.

They sailed slim boats on rivers no man had ever mapped.

Ces bateaux ont été construits à partir d'arbres sciés dans la nature.

Those boats were built from trees they sawed in the wild.

Les mois passèrent et ils sillonnèrent des terres sauvages et inconnues.

The months passed, and they twisted through the wild unknown lands.

Il n'y avait pas d'hommes là-bas, mais de vieilles traces suggéraient qu'il y en avait eu.

There were no men there, yet old traces hinted that men had been.

Si la Cabane Perdue était réelle, alors d'autres étaient déjà passés par là.

If the Lost Cabin was real, then others had once come this way.

Ils traversaient des cols élevés dans des blizzards, même pendant l'été.

They crossed high passes in blizzards, even during the summer.

Ils frissonnaient sous le soleil de minuit sur les pentes nues des montagnes.

They shivered under the midnight sun on bare mountain slopes.

Entre la limite des arbres et les champs de neige, ils montaient lentement.

Between the treeline and the snowfields, they climbed slowly.

Dans les vallées chaudes, ils écrasaient des nuages de moucherons et de mouches.

In warm valleys, they swatted at clouds of gnats and flies.

Ils cueillaient des baies sucrées près des glaciers en pleine floraison estivale.

They picked sweet berries near glaciers in full summer bloom.

Les fleurs qu'ils ont trouvées étaient aussi belles que celles du Southland.

The flowers they found were as lovely as those in the Southland.

Cet automne-là, ils atteignirent une région solitaire remplie de lacs silencieux.

That fall they reached a lonely region filled with silent lakes.

La terre était triste et vide, autrefois pleine d'oiseaux et de bêtes.

The land was sad and empty, once alive with birds and beasts.

Il n'y avait plus de vie, seulement le vent et la glace qui se formait dans les flaques.

Now there was no life, just the wind and ice forming in pools.

Les vagues s'écrasaient sur les rivages déserts avec un son doux et lugubre.

Waves lapped against empty shores with a soft, mournful sound.

Un autre hiver arriva et ils suivirent à nouveau de vieux sentiers lointains.

Another winter came, and they followed faint, old trails again.

C'étaient les traces d'hommes qui les avaient cherchés bien avant eux.

These were the trails of men who had searched long before them.

Un jour, ils trouvèrent un chemin creusé profondément dans la forêt sombre.

Once they found a path cut deep into the dark forest.

C'était un vieux sentier, et ils sentaient que la cabane perdue était proche.

It was an old trail, and they felt the lost cabin was close.

Mais le sentier ne menait nulle part et s'enfonçait dans les bois épais.

But the trail led nowhere and faded into the thick woods.

Personne ne savait qui avait fait ce sentier et pourquoi.

Whoever made the trail, and why they made it, no one knew.

Plus tard, ils ont trouvé l'épave d'un lodge caché parmi les arbres.

Later, they found the wreck of a lodge hidden among the trees.

Des couvertures pourries gisaient éparpillées là où quelqu'un avait dormi.

Rotting blankets lay scattered where someone once had slept.

John Thornton a trouvé un fusil à silex à long canon enterré à l'intérieur.

John Thornton found a long-barreled flintlock buried inside.

Il savait qu'il s'agissait d'un fusil de la Baie d'Hudson depuis les premiers jours de son commerce.

He knew this was a Hudson Bay gun from early trading days.

À cette époque, ces armes étaient échangées contre des piles de peaux de castor.

In those days such guns were traded for stacks of beaver skins.

C'était tout : il ne restait aucune trace de l'homme qui avait construit le lodge.

That was all—no clue remained of the man who built the lodge.

Le printemps est revenu et ils n'ont trouvé aucun signe de la Cabane Perdue.

Spring came again, and they found no sign of the Lost Cabin.

Au lieu de cela, ils trouvèrent une large vallée avec un ruisseau peu profond.

Instead they found a broad valley with a shallow stream.

L'or recouvrait le fond des casseroles comme du beurre jaune et lisse.

Gold lay across the pan bottoms like smooth, yellow butter.

Ils s'arrêtèrent là et ne cherchèrent plus la cabane.

They stopped there and searched no farther for the cabin.

Chaque jour, ils travaillaient et trouvaient des milliers de pièces d'or en poudre.

Each day they worked and found thousands in gold dust.

Ils ont emballé l'or dans des sacs de peau d'élan, de cinquante livres chacun.

They packed the gold in bags of moose-hide, fifty pounds each.

Les sacs étaient empilés comme du bois de chauffage à l'extérieur de leur petite loge.

The bags were stacked like firewood outside their small lodge.

Ils travaillaient comme des géants et les jours passaient comme des rêves rapides.

They worked like giants, and the days passed like quick dreams.

Ils ont amassé des trésors au fil des jours sans fin.

They heaped up treasure as the endless days rolled swiftly by.

Les chiens n'avaient pas grand-chose à faire, à part transporter de la viande de temps en temps.

There was little for the dogs to do except haul meat now and then.

Thornton chassait et tuait le gibier, et Buck restait allongé près du feu.

Thornton hunted and killed the game, and Buck lay by the fire.

Il a passé de longues heures en silence, perdu dans ses pensées et ses souvenirs.

He spent long hours in silence, lost in thought and memory.

L'image de l'homme poilu revenait de plus en plus souvent à l'esprit de Buck.

The image of the hairy man came more often into Buck's mind.

Maintenant que le travail se faisait rare, Buck rêvait en clignant des yeux devant le feu.

Now that work was scarce, Buck dreamed while blinking at the fire.

Dans ces rêves, Buck errait avec l'homme dans un autre monde.

In those dreams, Buck wandered with the man in another world.

La peur semblait être le sentiment le plus fort dans ce monde lointain.

Fear seemed the strongest feeling in that distant world.

Buck vit l'homme poilu dormir avec la tête baissée.

Buck saw the hairy man sleep with his head bowed low.

Ses mains étaient jointes et son sommeil était agité et interrompu.

His hands were clasped, and his sleep was restless and broken.

Il se réveillait en sursaut et regardait avec crainte dans le noir.

He used to wake with a start and stare fearfully into the dark.

Ensuite, il jetait plus de bois sur le feu pour garder la flamme vive.

Then he'd toss more wood onto the fire to keep the flame bright.

Parfois, ils marchaient le long d'une plage au bord d'une mer grise et infinie.

Sometimes they walked along a beach by a gray, endless sea.

L'homme poilu ramassait des coquillages et les mangeait en marchant.

The hairy man picked shellfish and ate them as he walked.

Ses yeux cherchaient toujours des dangers cachés dans l'ombre.

His eyes searched always for hidden dangers in the shadows.

Ses jambes étaient toujours prêtes à sprinter au premier signe de menace.

His legs were always ready to sprint at the first sign of threat.

Ils rampaient à travers la forêt, silencieux et méfiants, côte à côte.

They crept through the forest, silent and wary, side by side.

Buck le suivit sur ses talons, et tous deux restèrent vigilants.

Buck followed at his heels, and both of them stayed alert.

Leurs oreilles frémissaient et bougeaient, leurs nez reniflaient l'air.

Their ears twitched and moved, their noses sniffed the air.

L'homme pouvait entendre et sentir la forêt aussi
intensément que Buck.

The man could hear and smell the forest as sharply as Buck.

L'homme poilu se balançait à travers les arbres avec une
vitesse soudaine.

The hairy man swung through the trees with sudden speed.

Il sautait de branche en branche, sans jamais lâcher prise.

He leapt from branch to branch, never missing his grip.

Il se déplaçait aussi vite au-dessus du sol que sur celui-ci.

He moved as fast above the ground as he did upon it.

Buck se souvenait des longues nuits passées sous les arbres,
à veiller.

Buck remembered long nights beneath the trees, keeping
watch.

L'homme dormait perché dans les branches, s'accrochant
fermement.

The man slept roosting in the branches, clinging tight.

Cette vision de l'homme poilu était étroitement liée à l'appel
des profondeurs.

This vision of the hairy man was tied closely to the deep call.

L'appel résonnait toujours à travers la forêt avec une force
obsédante.

The call still sounded through the forest with haunting force.

L'appel remplit Buck de désir et d'un sentiment de joie
incessant.

The call filled Buck with longing and a restless sense of joy.

Il ressentait d'étranges pulsions et des frémissements qu'il
ne pouvait nommer.

He felt strange urges and stirrings that he could not name.

Parfois, il suivait l'appel au plus profond des bois
tranquilles.

Sometimes he followed the call deep into the quiet woods.

Il cherchait l'appel, aboyant doucement ou fort au fur et à
mesure.

He searched for the calling, barking softly or sharply as he
went.

Il renifla la mousse et la terre noire où poussaient les herbes.

He sniffed the moss and black soil where the grasses grew.

Il renifla de plaisir aux riches odeurs de la terre profonde.

He snorted with delight at the rich smells of the deep earth.

Il s'est accroupi pendant des heures derrière des troncs couverts de champignons.

He crouched for hours behind trunks covered in fungus.

Il resta immobile, écoutant les yeux écarquillés chaque petit bruit.

He stayed still, listening wide-eyed to every tiny sound.

Il espérait peut-être surprendre la chose qui avait lancé l'appel.

He may have hoped to surprise the thing that gave the call.

Il ne savait pas pourquoi il agissait de cette façon, il le faisait simplement.

He did not know why he acted this way—he simply did.

Les pulsions venaient du plus profond de moi, au-delà de la pensée ou de la raison.

The urges came from deep within, beyond thought or reason.

Des envies irrésistibles s'emparèrent de Buck sans avertissement ni raison.

Irresistible urges took hold of Buck without warning or reason.

Parfois, il somnolait paresseusement dans le camp sous la chaleur de midi.

At times he was dozing lazily in camp under the midday heat.

Soudain, sa tête se releva et ses oreilles se dressèrent en alerte.

Suddenly, his head lifted and his ears shoot up alert.

Puis il se leva d'un bond et se précipita dans la nature sans s'arrêter.

Then he sprang up and dash into the wild without pause.

Il a couru pendant des heures à travers les sentiers forestiers et les espaces ouverts.

He ran for hours through forest paths and open spaces.

Il aimait suivre les lits des ruisseaux asséchés et espionner les oiseaux dans les arbres.

He loved to follow dry creek beds and spy on birds in the trees.

Il pouvait rester caché toute la journée, à regarder les perdrix se pavaner.

He could lie hidden all day, watching partridges strut around.

Ils tambourinaient et marchaient, inconscients de la présence de Buck.

They drummed and marched, unaware of Buck's still presence.

Mais ce qu'il aimait le plus, c'était courir au crépuscule en été.

But what he loved most was running at twilight in summer.

La faible lumière et les bruits endormis de la forêt le remplissaient de joie.

The dim light and sleepy forest sounds filled him with joy.

Il lisait les panneaux forestiers aussi clairement qu'un homme lit un livre.

He read the forest signs as clearly as a man reads a book.

Et il cherchait toujours la chose étrange qui l'appelait.

And he searched always for the strange thing that called him.

Cet appel ne s'est jamais arrêté : il l'atteignait qu'il soit éveillé ou endormi.

That calling never stopped—it reached him waking or sleeping.

Une nuit, il se réveilla en sursaut, les yeux perçants et les oreilles hautes.

One night, he woke with a start, eyes sharp and ears high.

Ses narines se contractaient tandis que sa crinière se dressait en vagues.

His nostrils twitched as his mane stood bristling in waves.

Du plus profond de la forêt, le son résonna à nouveau, le vieil appel.

From deep in the forest came the sound again, the old call.

Cette fois, le son résonnait clairement, un hurlement long, obsédant et familier.

This time the sound rang clearly, a long, haunting, familiar howl.

C'était comme le cri d'un husky, mais d'un ton étrange et sauvage.

It was like a husky's cry, but strange and wild in tone.

Buck reconnut immédiatement le son – il avait entendu exactement le même son depuis longtemps.

Buck knew the sound at once—he had heard the exact sound long ago.

Il sauta à travers le camp et disparut rapidement dans les bois.

He leapt through camp and vanished swiftly into the woods.

Alors qu'il s'approchait du bruit, il ralentit et se déplaça avec précaution.

As he neared the sound, he slowed and moved with care.

Bientôt, il atteignit une clairière entre d'épais pins.

Soon he reached a clearing between thick pine trees.

Là, debout sur ses pattes arrière, était assis un loup des bois grand et maigre.

There, upright on its haunches, sat a tall, lean timber wolf.

Le nez du loup pointait vers le ciel, résonnant toujours de l'appel.

The wolf's nose pointed skyward, still echoing the call.

Buck n'avait émis aucun son, mais le loup s'arrêta et écouta.

Buck had made no sound, yet the wolf stopped and listened.

Sentant quelque chose, le loup se tendit, scrutant l'obscurité.

Sensing something, the wolf tensed, searching the darkness.

Buck apparut en rampant, le corps bas, les pieds immobiles sur le sol.

Buck crept into view, body low, feet quiet on the ground.

Sa queue était droite, son corps enroulé sous la tension.

His tail was straight, his body coiled tight with tension.

Il a montré à la fois une menace et une sorte d'amitié brutale.

He showed both threat and a kind of rough friendship.

C'était le salut prudent partagé par les bêtes sauvages.

It was the wary greeting shared by beasts of the wild.

Mais le loup se retourna et s'enfuit dès qu'il vit Buck.
But the wolf turned and fled as soon as it saw Buck.

Buck se lança à sa poursuite, sautant sauvagement, désireux de le rattraper.
Buck gave chase, leaping wildly, eager to overtake it.

Il suivit le loup dans un ruisseau asséché bloqué par un embâcle.
He followed the wolf into a dry creek blocked by a timber jam.

Acculé, le loup se retourna et tint bon.
Cornered, the wolf spun around and stood its ground.

Le loup grognait et claquait comme un chien husky pris au piège dans un combat.
The wolf snarled and snapped like a trapped husky dog in a fight.

Les dents du loup claquaient rapidement, son corps se hérissant d'une fureur sauvage.
The wolf's teeth clicked fast, its body bristling with wild fury.

Buck n'attaqua pas mais encercla le loup avec une gentillesse prudente.
Buck did not attack but circled the wolf with careful friendliness.

Il a essayé de bloquer sa fuite par des mouvements lents et inoffensifs.
He tried to block his escape by slow, harmless movements.

Le loup était méfiant et effrayé : Buck le dépassait trois fois.
The wolf was wary and scared—Buck outweighed him three times.

La tête du loup atteignait à peine l'épaule massive de Buck.
The wolf's head barely reached up to Buck's massive shoulder.

À l'affût d'une brèche, le loup s'est enfui et la poursuite a repris.
Watching for a gap, the wolf bolted and the chase began again.

Plusieurs fois, Buck l'a coincé et la danse s'est répétée.
Several times Buck cornered him, and the dance repeated.

Le loup était maigre et faible, sinon Buck n'aurait pas pu l'attraper.

The wolf was thin and weak, or Buck could not have caught him.

Chaque fois que Buck s'approchait, le loup se retournait et lui faisait face avec peur.

Each time Buck drew near, the wolf spun and faced him in fear.

Puis, à la première occasion, il s'est précipité dans les bois une fois de plus.

Then at the first chance, he dashed off into the woods once more.

Mais Buck n'a pas abandonné et finalement le loup a fini par lui faire confiance.

But Buck did not give up, and finally the wolf came to trust him.

Il renifla le nez de Buck, et les deux devinrent joueurs et alertes.

He sniffed Buck's nose, and the two grew playful and alert.

Ils jouaient comme des animaux sauvages, féroces mais timides dans leur joie.

They played like wild animals, fierce yet shy in their joy.

Au bout d'un moment, le loup s'éloigna au trot avec un calme déterminé.

After a while, the wolf trotted off with calm purpose.

Il a clairement montré à Buck qu'il voulait être suivi.

He clearly showed Buck that he meant to be followed.

Ils couraient côte à côte dans l'obscurité du crépuscule.

They ran side by side through the twilight gloom.

Ils suivirent le lit du ruisseau jusqu'à la gorge rocheuse.

They followed the creek bed up into the rocky gorge.

Ils traversèrent une ligne de partage des eaux froide où le ruisseau avait pris sa source.

They crossed a cold divide where the stream had begun.

Sur la pente la plus éloignée, ils trouvèrent une vaste forêt et de nombreux ruisseaux.

On the far slope they found wide forest and many streams.

À travers ce vaste territoire, ils ont couru pendant des heures sans s'arrêter.

Through this vast land, they ran for hours without stopping.

Le soleil se leva plus haut, l'air devint chaud, mais ils continuèrent à courir.

The sun rose higher, the air grew warm, but they ran on.

Buck était rempli de joie : il savait qu'il répondait à son appel.

Buck was filled with joy—he knew he was answering his calling.

Il courut à côté de son frère de la forêt, plus près de la source de l'appel.

He ran beside his forest brother, closer to the call's source.

De vieux sentiments sont revenus, puissants et difficiles à ignorer.

Old feelings returned, powerful and hard to ignore.

C'étaient les vérités derrière les souvenirs de ses rêves.

These were the truths behind the memories from his dreams.

Il avait déjà fait tout cela auparavant, dans un monde lointain et obscur.

He had done all this before in a distant and shadowy world.

Il recommença alors, courant librement avec le ciel ouvert au-dessus.

Now he did this again, running wild with the open sky above.

Ils s'arrêtèrent près d'un ruisseau pour boire l'eau froide qui coulait.

They stopped at a stream to drink from the cold flowing water.

Alors qu'il buvait, Buck se souvint soudain de John Thornton.

As he drank, Buck suddenly remembered John Thornton.

Il s'assit en silence, déchiré par l'attrait de la loyauté et de l'appel.

He sat down in silence, torn by the pull of loyalty and the calling.

Le loup continua à trotter, mais revint pour pousser Buck à avancer.

The wolf trotted on, but came back to urge Buck forward.

Il renifla son nez et essaya de le cajoler avec des gestes doux.

He sniffed his nose and tried to coax him with soft gestures.

Mais Buck se retourna et reprit le chemin par lequel il était venu.

But Buck turned around and started back the way he came.

Le loup courut à côté de lui pendant un long moment, gémissant doucement.

The wolf ran beside him for a long time, whining quietly.

Puis il s'assit, leva le nez et poussa un long hurlement.

Then he sat down, raised his nose, and let out a long howl.

C'était un cri lugubre, qui s'adoucit à mesure que Buck s'éloignait.

It was a mournful cry, softening as Buck walked away.

Buck écouta le son du cri s'estomper lentement dans le silence de la forêt.

Buck listened as the sound of the cry faded slowly into the forest silence.

John Thornton était en train de dîner lorsque Buck a fait irruption dans le camp.

John Thornton was eating dinner when Buck burst into the camp.

Buck sauta sauvagement sur lui, le léchant, le mordant et le faisant culbuter.

Buck leapt upon him wildly, licking, biting, and tumbling him.

Il l'a renversé, s'est hissé dessus et l'a embrassé sur le visage.

He knocked him over, scrambled on top, and kissed his face.

Thornton appelait cela avec affection « jouer le fou du commun ».

Thornton called this "playing the general tom-fool" with affection.

Pendant tout ce temps, il maudissait doucement Buck et le secouait d'avant en arrière.

All the while, he cursed Buck gently and shook him back and forth.

Pendant deux jours et deux nuits entières, Buck n'a pas quitté le camp une seule fois.

For two whole days and nights, Buck never left the camp once.

Il est resté proche de Thornton et ne l'a jamais quitté des yeux.

He kept close to Thornton and never let him out of his sight.

Il le suivait pendant qu'il travaillait et le regardait pendant qu'il mangeait.

He followed him as he worked and watched him while he ate.

Il voyait Thornton dans ses couvertures la nuit et dehors chaque matin.

He saw Thornton into his blankets at night and out each morning.

Mais bientôt l'appel de la forêt revint, plus fort que jamais.

But soon the forest call returned, louder than ever before.

Buck devint à nouveau agité, agité par les pensées du loup sauvage.

Buck grew restless again, stirred by thoughts of the wild wolf.

Il se souvenait de la terre ouverte et de la course côte à côte.

He remembered the open land and running side by side.

Il commença à errer à nouveau dans la forêt, seul et alerte.

He began wandering into the forest once more, alone and alert.

Mais le frère sauvage ne revint pas et le hurlement ne fut pas entendu.

But the wild brother did not return, and the howl was not heard.

Buck a commencé à dormir dehors, restant absent pendant des jours.

Buck started sleeping outside, staying away for days at a time.

Une fois, il traversa la haute ligne de partage des eaux où le ruisseau commençait.

Once he crossed the high divide where the creek had begun.

Il entra dans le pays des bois sombres et des larges ruisseaux.

He entered the land of dark timber and wide flowing streams.

Pendant une semaine, il a erré, à la recherche de signes de son frère sauvage.

For a week he roamed, searching for signs of the wild brother.

Il tuait sa propre viande et voyageait à grands pas, sans relâche.

He killed his own meat and travelled with long, tireless strides.

Il pêchait le saumon dans une large rivière qui se jetait dans la mer.

He fished for salmon in a wide river that reached the sea.

Là, il combattit et tua un ours noir rendu fou par les insectes.

There, he fought and killed a black bear maddened by bugs.

L'ours était en train de pêcher et courait aveuglément à travers les arbres.

The bear had been fishing and ran blindly through the trees.

La bataille fut féroce, réveillant le profond esprit combatif de Buck.

The battle was a fierce one, waking Buck's deep fighting spirit up.

Deux jours plus tard, Buck est revenu et a trouvé des carcajous près de sa proie.

Two days later, Buck returned to find wolverines at his kill.

Une douzaine d'entre eux se disputaient la viande avec une fureur bruyante.

A dozen of them quarreled over the meat in noisy fury.

Buck chargea et les dispersa comme des feuilles dans le vent.

Buck charged and scattered them like leaves in the wind.

Deux loups restèrent derrière, silencieux, sans vie et immobiles pour toujours.

Two wolves remained behind — silent, lifeless, and unmoving forever.

La soif de sang était plus forte que jamais.

The thirst for blood grew stronger than ever.

Buck était un chasseur, un tueur, se nourrissant de créatures vivantes.

Buck was a hunter, a killer, feeding off living creatures.

Il a survécu seul, en s'appuyant sur sa force et ses sens aiguisés.

He survived alone, relying on his strength and sharp senses.

Il prospérait dans la nature, où seuls les plus résistants pouvaient vivre.

He thrived in the wild, where only the toughest could live.

De là, une grande fierté s'éleva et remplit tout l'être de Buck.

From this, a great pride rose up and filled Buck's whole being.

Sa fierté se reflétait dans chacun de ses pas, dans le mouvement de chacun de ses muscles.

His pride showed in his every step, in the ripple of every muscle.

Sa fierté était aussi claire qu'un discours, visible dans la façon dont il se comportait.

His pride was as clear as speech, seen in how he carried himself.

Même son épais pelage semblait plus majestueux et brillait davantage.

Even his thick coat looked more majestic and gleamed brighter.

Buck aurait pu être confondu avec un loup géant.

Buck could have been mistaken for a giant timber wolf.

À l'exception du brun sur son museau et des taches au-dessus de ses yeux.

Except for brown on his muzzle and spots above his eyes.

Et la traînée de fourrure blanche qui courait au milieu de sa poitrine.

And the white streak of fur that ran down the middle of his chest.

Il était encore plus grand que le plus grand loup de cette race féroce.

He was even larger than the biggest wolf of that fierce breed.

Son père, un Saint-Bernard, lui a donné de la taille et une ossature lourde.

His father, a St. Bernard, gave him size and heavy frame.

Sa mère, une bergère, a façonné cette masse en forme de loup.

His mother, a shepherd, shaped that bulk into wolf-like form.

Il avait le long museau d'un loup, bien que plus lourd et plus large.

He had the long muzzle of a wolf, though heavier and broader.

Sa tête était celle d'un loup, mais construite à une échelle massive et majestueuse.

His head was a wolf's, but built on a massive, majestic scale.

La ruse de Buck était la ruse du loup et de la nature.

Buck's cunning was the cunning of the wolf and of the wild.

Son intelligence lui vient à la fois du berger allemand et du Saint-Bernard.

His intelligence came from both the German Shepherd and St. Bernard.

Tout cela, ajouté à une expérience difficile, faisait de lui une créature redoutable.

All this, plus harsh experience, made him a fearsome creature.

Il était aussi redoutable que n'importe quelle bête qui parcourait les régions sauvages du nord.

He was as formidable as any beast that roamed the northern wild.

Ne se nourrissant que de viande, Buck a atteint le sommet de sa force.

Living only on meat, Buck reached the full peak of his strength.

Il débordait de puissance et de force masculine dans chaque fibre de son être.

He overflowed with power and male force in every fiber of him.

Lorsque Thornton lui caressait le dos, ses poils brillaient d'énergie.

When Thornton stroked his back, the hairs sparked with energy.

Chaque cheveu crépitait, chargé du contact du magnétisme vivant.

Each hair crackled, charged with the touch of living magnetism.

Son corps et son cerveau étaient réglés sur le ton le plus fin possible.

His body and brain were tuned to the finest possible pitch.

Chaque nerf, chaque fibre et chaque muscle fonctionnaient en parfaite harmonie.

Every nerve, fiber, and muscle worked in perfect harmony.

À tout son ou toute vue nécessitant une action, il répondait instantanément.

To any sound or sight needing action, he responded instantly.

Si un husky sautait pour attaquer, Buck pouvait sauter deux fois plus vite.

If a husky leaped to attack, Buck could leap twice as fast.

Il a réagi plus vite que les autres ne pouvaient le voir ou l'entendre.

He reacted quicker than others could even see or hear.

La perception, la décision et l'action se sont produites en un seul instant fluide.

Perception, decision, and action all came in one fluid moment.

En vérité, ces actes étaient distincts, mais trop rapides pour être remarqués.

In truth, these acts were separate, but too fast to notice.

Les intervalles entre ces actes étaient si brefs qu'ils semblaient n'en faire qu'un.

So brief were the gaps between these acts, they seemed as one.

Ses muscles et son être étaient comme des ressorts étroitement enroulés.

His muscles and being was like tightly coiled springs.

Son corps débordait de vie, sauvage et joyeux dans sa puissance.

His body surged with life, wild and joyful in its power.

Parfois, il avait l'impression que la force allait jaillir de lui entièrement.

At times he felt like the force was going to burst out of him entirely.

« Il n'y a jamais eu un tel chien », a déclaré Thornton un jour tranquille.

"Never was there such a dog," Thornton said one quiet day.

Les partenaires regardaient Buck sortir fièrement du camp.

The partners watched Buck striding proudly from the camp.

« Lorsqu'il a été créé, il a changé ce que pouvait être un chien », a déclaré Pete.

"When he was made, he changed what a dog can be," said Pete.

« Par Jésus ! Je le pense moi-même », acquiesça rapidement Hans.

"By Jesus! I think so myself," Hans quickly agreed.

Ils l'ont vu s'éloigner, mais pas le changement qui s'est produit après.

They saw him march off, but not the change that came after.

Dès qu'il est entré dans les bois, Buck s'est complètement transformé.

As soon as he entered the woods, Buck transformed completely.

Il ne marchait plus, mais se déplaçait comme un fantôme sauvage parmi les arbres.

He no longer marched, but moved like a wild ghost among trees.

Il devint silencieux, les pieds comme un chat, une lueur traversant les ombres.

He became silent, cat-footed, a flicker passing through shadows.

Il utilisait la couverture avec habileté, rampant sur le ventre comme un serpent.

He used cover with skill, crawling on his belly like a snake.

Et comme un serpent, il pouvait bondir en avant et frapper en silence.

And like a snake, he could leap forward and strike in silence.

Il pourrait voler un lagopède directement dans son nid caché.

He could steal a ptarmigan straight from its hidden nest.

Il a tué des lapins endormis sans un seul bruit.

He killed sleeping rabbits without a single sound.

Il pouvait attraper des tamias en plein vol alors qu'ils fuyaient trop lentement.

He could catch chipmunks midair as they fled too slowly.

Même les poissons dans les bassins ne pouvaient échapper à ses attaques soudaines.

Even fish in pools could not escape his sudden strikes.

Même les castors astucieux qui réparaient les barrages n'étaient pas à l'abri de lui.

Not even clever beavers fixing dams were safe from him.

Il tuait pour se nourrir, pas pour le plaisir, mais il préférait tuer ses propres victimes.

He killed for food, not for fun—but liked his own kills best.

Pourtant, un humour sournois traversait certaines de ses chasses silencieuses.

Still, a sly humor ran through some of his silent hunts.

Il s'est approché des écureuils, mais les a laissés s'échapper.

He crept up close to squirrels, only to let them escape.

Ils allaient fuir vers les arbres, bavardant dans une rage effrayée.

They were going to flee to the trees, chattering in fearful outrage.

À l'arrivée de l'automne, les orignaux ont commencé à apparaître en plus grand nombre.

As fall came, moose began to appear in greater numbers.

Ils se sont déplacés lentement vers les basses vallées pour affronter l'hiver.

They moved slowly into the low valleys to meet the winter.

Buck avait déjà abattu un jeune veau errant.

Buck had already brought down one young, stray calf.

Mais il aspirait à affronter des proies plus grandes et plus dangereuses.

But he longed to face larger, more dangerous prey.

Un jour, à la ligne de partage des eaux, à la tête du ruisseau, il trouva sa chance.

One day on the divide, at the creek's head, he found his chance.

Un troupeau de vingt orignaux avait traversé des terres boisées.

A herd of twenty moose had crossed from forested lands.

Parmi eux se trouvait un puissant taureau, le chef du groupe.

Among them was a mighty bull; the leader of the group.

Le taureau mesurait plus de six pieds de haut et avait l'air féroce et sauvage.

The bull stood over six feet tall and looked fierce and wild.

Il lança ses larges bois, quatorze pointes se ramifiant vers l'extérieur.

He tossed his wide antlers, fourteen points branching outward.

Les extrémités de ces bois s'étendaient sur sept pieds de large.

The tips of those antlers stretched seven feet across.

Ses petits yeux brûlaient de rage lorsqu'il aperçut Buck à proximité.

His small eyes burned with rage as he spotted Buck nearby.

Il poussa un rugissement furieux, tremblant de fureur et de douleur.

He let out a furious roar, trembling with fury and pain.

Une pointe de flèche sortait près de son flanc, empennée et pointue.

An arrow-end stuck out near his flank, feathered and sharp.

Cette blessure a contribué à expliquer son humeur sauvage et amère.

This wound helped explain his savage, bitter mood.

Buck, guidé par un ancien instinct de chasseur, a fait son mouvement.

Buck, guided by ancient hunting instinct, made his move.

Son objectif était de séparer le taureau du reste du troupeau.

He aimed to separate the bull from the rest of the herd.

Ce n'était pas une tâche facile : il fallait de la rapidité et une ruse féroce.

This was no easy task—it took speed and fierce cunning.

Il aboyait et dansait près du taureau, juste hors de portée.

He barked and danced near the bull, just out of range.

L'élan s'est précipité avec d'énormes sabots et des bois mortels.

The moose lunged with huge hooves and deadly antlers.

Un seul coup aurait pu mettre fin à la vie de Buck en un clin d'œil.

One blow could have ended Buck's life in a heartbeat.

Incapable de laisser la menace derrière lui, le taureau devint fou.

Unable to leave the threat behind, the bull grew mad.

Il chargea avec fureur, mais Buck s'échappa toujours.

He charged in fury, but Buck always slipped away.

Buck simula une faiblesse, l'attirant plus loin du troupeau.

Buck faked weakness, luring him farther from the herd.

Mais les jeunes taureaux allaient charger pour protéger le leader.

But young bulls were going to charge back to protect the leader.

Ils ont forcé Buck à battre en retraite et le taureau à rejoindre le groupe.

They forced Buck to retreat and the bull to rejoin the group.

Il y a une patience dans la nature, profonde et imparable.

There is a patience in the wild, deep and unstoppable.

Une araignée attend immobile dans sa toile pendant d'innombrables heures.

A spider waits motionless in its web for countless hours.

Un serpent s'enroule sans tressaillement et attend que son heure soit venue.

A snake coils without twitching, and waits till it is time.

Une panthère se tient en embuscade, jusqu'à ce que le moment arrive.

A panther lies in ambush, until the moment arrives.

C'est la patience des prédateurs qui chassent pour survivre.

This is the patience of predators who hunt to survive.

Cette même patience brûlait à l'intérieur de Buck alors qu'il restait proche.

That same patience burned inside Buck as he stayed close.

Il resta près du troupeau, ralentissant sa marche et suscitant la peur.

He stayed near the herd, slowing its march and stirring fear.

Il taquinait les jeunes taureaux et harcelait les vaches mères.

He teased the young bulls and harassed the mother cows.

Il a plongé le taureau blessé dans une rage encore plus profonde et impuissante.

He drove the wounded bull into a deeper, helpless rage.

Pendant une demi-journée, le combat s'est prolongé sans aucun répit.

For half a day, the fight dragged on with no rest at all.

Buck attaquait sous tous les angles, rapide et féroce comme le vent.

Buck attacked from every angle, fast and fierce as wind.

Il a empêché le taureau de se reposer ou de se cacher avec son troupeau.

He kept the bull from resting or hiding with its herd.

Le cerf a épuisé la volonté de l'élan plus vite que son corps.

Buck wore down the moose's will faster than its body.

La journée passa et le soleil se coucha bas dans le ciel du nord-ouest.

The day passed and the sun sank low in the northwest sky.

Les jeunes taureaux revinrent plus lentement pour aider leur chef.

The young bulls returned more slowly to help their leader.

Les nuits d'automne étaient revenues et l'obscurité durait désormais six heures.

Fall nights had returned, and darkness now lasted six hours.

L'hiver les poussait vers des vallées plus sûres et plus chaudes.

Winter was pressing them downhill into safer, warmer valleys.

Mais ils ne pouvaient toujours pas échapper au chasseur qui les retenait.

But still they couldn't escape the hunter that held them back.

Une seule vie était en jeu : pas celle du troupeau, mais celle de leur chef.

Only one life was at stake—not the herd's, just their leader's.

Cela rendait la menace lointaine et non leur préoccupation urgente.

That made the threat distant and not their urgent concern.

Au fil du temps, ils ont accepté ce prix et ont laissé Buck
prendre le vieux taureau.

In time, they accepted this cost and let Buck take the old bull.

Alors que le crépuscule s'installait, le vieux taureau se tenait
debout, la tête baissée.

As twilight settled in, the old bull stood with his head down.

Il regarda le troupeau qu'il avait conduit disparaître dans la
lumière déclinante.

He watched the herd he had led vanish into the fading light.

Il y avait des vaches qu'il avait connues, des veaux qu'il
avait autrefois engendrés.

There were cows he had known, calves he had once fathered.

Il y avait des taureaux plus jeunes qu'il avait combattus et
dominés au cours des saisons précédentes.

There were younger bulls he had fought and ruled in past
seasons.

Il ne pouvait pas les suivre, car Buck était à nouveau
accroupi devant lui.

He could not follow them — for before him crouched Buck
again.

La terreur impitoyable aux crocs bloquait tous les chemins
qu'il pouvait emprunter.

The merciless fanged terror blocked every path he might take.

Le taureau pesait plus de trois cents livres de puissance
dense.

The bull weighed more than three hundredweight of dense
power.

Il avait vécu longtemps et s'était battu avec acharnement
dans un monde de luttes.

He had lived long and fought hard in a world of struggle.

Mais maintenant, à la fin, la mort venait d'une bête bien en
dessous de lui.

Yet now, at the end, death came from a beast far beneath him.

La tête de Buck n'atteignait même pas les énormes genoux
noueux du taureau.

Buck's head did not even rise to the bull's huge knuckled
knees.

À partir de ce moment, Buck resta avec le taureau nuit et jour.

From that moment on, Buck stayed with the bull night and day.

Il ne lui a jamais laissé de repos, ne lui a jamais permis de brouter ou de boire.

He never gave him rest, never allowed him to graze or drink.

Le taureau a essayé de manger de jeunes pousses de bouleau et des feuilles de saule.

The bull tried to eat young birch shoots and willow leaves.

Mais Buck le repoussa, toujours alerte et toujours attaquant.

But Buck drove him off, always alert and always attacking.

Même dans les ruisseaux qui ruisselaient, Buck bloquait toute tentative assoiffée.

Even at trickling streams, Buck blocked every thirsty attempt.

Parfois, par désespoir, le taureau s'enfuyait à toute vitesse.

Sometimes, in desperation, the bull fled at full speed.

Buck le laissa courir, galopant calmement juste derrière, jamais très loin.

Buck let him run, loping calmly just behind, never far away.

Lorsque l'élan s'arrêta, Buck s'allongea, mais resta prêt.

When the moose paused, Buck lay down, but stayed ready.

Si le taureau essayait de manger ou de boire, Buck frappait avec une fureur totale.

If the bull tried to eat or drink, Buck struck with full fury.

La grosse tête du taureau s'affaissait sous ses vastes bois.

The bull's great head sagged lower under its vast antlers.

Son rythme ralentit, le trot devint lourd, une marche trébuchante.

His pace slowed, the trot became a heavy; a stumbling walk.

Il restait souvent immobile, les oreilles tombantes et le nez au sol.

He often stood still with drooped ears and nose to the ground.

Pendant ces moments-là, Buck prenait le temps de boire et de se reposer.

During those moments, Buck took time to drink and rest.

La langue tirée, les yeux fixés, Buck sentait que la terre était en train de changer.

Tongue out, eyes fixed, Buck sensed the land was changing.

Il sentit quelque chose de nouveau se déplacer dans la forêt et dans le ciel.

He felt something new moving through the forest and sky.

Avec le retour des orignaux, d'autres créatures sauvages ont fait de même.

As moose returned, so did other creatures of the wild.

La terre semblait vivante, avec une présence invisible mais fortement connue.

The land felt alive with presence, unseen but strongly known.

Ce n'était ni par l'ouïe, ni par la vue, ni par l'odorat que Buck le savait.

It was not by sound, sight, nor by scent that Buck knew this.

Un sentiment plus profond lui disait que de nouvelles forces étaient en mouvement.

A deeper sense told him that new forces were on the move.

Une vie étrange s'agitait dans les bois et le long des ruisseaux.

Strange life stirred through the woods and along the streams.

Il a décidé d'explorer cet esprit, une fois la chasse terminée.

He resolved to explore this spirit, after the hunt was complete.

Le quatrième jour, Buck a finalement abattu l'élan.

On the fourth day, Buck brought down the moose at last.

Il est resté près de la proie pendant une journée et une nuit entières, se nourrissant et se reposant.

He stayed by the kill for a full day and night, feeding and resting.

Il mangea, puis dormit, puis mangea à nouveau, jusqu'à ce qu'il soit fort et rassasié.

He ate, then slept, then ate again, until he was strong and full.

Lorsqu'il fut prêt, il retourna vers le camp et Thornton.

When he was ready, he turned back toward camp and Thornton.

D'un pas régulier, il commença le long voyage de retour vers la maison.

With steady pace, he began the long return journey home.

Il courait d'un pas infatigable, heure après heure, sans jamais s'égarer.

He ran in his tireless lope, hour after hour, never once straying.

À travers des terres inconnues, il se déplaçait droit comme l'aiguille d'une boussole.

Through unknown lands, he moved straight as a compass needle.

Son sens de l'orientation faisait paraître l'homme et la carte faibles en comparaison.

His sense of direction made man and map seem weak by comparison.

Tandis que Buck courait, il sentait plus fortement l'agitation dans la terre sauvage.

As Buck ran, he felt more strongly the stir in the wild land.

C'était un nouveau genre de vie, différent de celui des mois calmes de l'été.

It was a new kind of life, unlike that of the calm summer months.

Ce sentiment n'était plus un message subtil ou distant.

This feeling no longer came as a subtle or distant message.

Maintenant, les oiseaux parlaient de cette vie et les écureuils en bavardaient.

Now the birds spoke of this life, and squirrels chattered about it.

Même la brise murmurait des avertissements à travers les arbres silencieux.

Even the breeze whispered warnings through the silent trees.

Il s'arrêta à plusieurs reprises et respira l'air frais du matin.

Several times he stopped and sniffed the fresh morning air.

Il y lut un message qui le fit bondir plus vite en avant.

He read a message there that made him leap forward faster.

Un lourd sentiment de danger l'envahit, comme si quelque chose s'était mal passé.

A heavy sense of danger filled him, as if something had gone wrong.

Il craignait qu'une catastrophe ne se produise – ou ne soit déjà arrivée.

He feared calamity was coming—or had already come.

Il franchit la dernière crête et entra dans la vallée en contrebas.

He crossed the last ridge and entered the valley below.

Il se déplaçait plus lentement, alerte et prudent à chaque pas.

He moved more slowly, alert and cautious with every step.

À trois milles de là, il trouva une piste fraîche qui le fit se raidir.

Three miles out he found a fresh trail that made him stiffen.

Les cheveux le long de son cou ondulaient et se hérissaient d'alarme.

The hair along his neck rippled and bristled in alarm.

Le sentier menait directement au camp où Thornton attendait.

The trail led straight toward the camp where Thornton waited.

Buck se déplaçait désormais plus rapidement, sa foulée à la fois silencieuse et rapide.

Buck moved faster now, his stride both silent and swift.

Ses nerfs se sont resserrés lorsqu'il a lu des signes que d'autres allaient manquer.

His nerves tightened as he read signs others were going to miss.

Chaque détail du sentier racontait une histoire, sauf le dernier morceau.

Each detail in the trail told a story—except the final piece.

Son nez lui parlait de la vie qui s'était déroulée ici.

His nose told him about the life that had passed this way.

L'odeur lui donnait une image changeante alors qu'il le suivait de près.

The scent gave him a changing picture as he followed close behind.

Mais la forêt elle-même était devenue silencieuse, anormalement immobile.

But the forest itself had gone quiet; unnaturally still.

Les oiseaux avaient disparu, les écureuils étaient cachés, silencieux et immobiles.

Birds had vanished, squirrels were hidden, silent and still.

Il n'a vu qu'un seul écureuil gris, allongé sur un arbre mort.

He saw only one gray squirrel, flat on a dead tree.

L'écureuil se fondait dans la masse, raide et immobile comme une partie de la forêt.

The squirrel blended in, stiff and motionless like a part of the forest.

Buck se déplaçait comme une ombre, silencieux et sûr à travers les arbres.

Buck moved like a shadow, silent and sure through the trees.

Son nez se souleva sur le côté comme s'il était tiré par une main invisible.

His nose jerked sideways as if pulled by an unseen hand.

Il se retourna et suivit la nouvelle odeur jusqu'au plus profond d'un fourré.

He turned and followed the new scent deep into a thicket.

Là, il trouva Nig, étendu mort, transpercé par une flèche.

There he found Nig, lying dead, pierced through by an arrow.

La flèche traversa son corps, laissant encore apparaître ses plumes.

The shaft passed clear through his body, feathers still showing.

Nig s'était traîné jusqu'ici, mais il était mort avant d'avoir pu obtenir de l'aide.

Nig had dragged himself there, but died before reaching help.

Une centaine de mètres plus loin, Buck trouva un autre chien de traîneau.

A hundred yards farther on, Buck found another sled dog.

C'était un chien que Thornton avait racheté à Dawson City.

It was a dog that Thornton had bought back in Dawson City.

Le chien était en proie à une lutte à mort, se débattant violemment sur le sentier.

The dog was in a death struggle, thrashing hard on the trail.

Buck le contourna sans s'arrêter, les yeux fixés devant lui.

Buck passed around him, not stopping, eyes fixed ahead.

Du côté du camp venait un chant lointain et rythmé.

From the direction of the camp came a distant, rhythmic chant.

Les voix s'élevaient et retombaient sur un ton étrange, inquiétant et chantant.

Voices rose and fell in a strange, eerie, sing-song tone.

Buck rampa jusqu'au bord de la clairière en silence.

Buck crawled forward to the edge of the clearing in silence.

Là, il vit Hans étendu face contre terre, percé de nombreuses flèches.

There he saw Hans lying face-down, pierced with many arrows.

Son corps ressemblait à celui d'un porc-épic, hérissé de plumes.

His body looked like a porcupine, bristling with feathered shafts.

Au même moment, Buck regarda vers le pavillon en ruine.

At the same moment, Buck looked toward the ruined lodge.

Cette vue lui fit dresser les cheveux sur la nuque et les épaules.

The sight made the hair rise stiff on his neck and shoulders.

Une tempête de rage sauvage parcourut tout le corps de Buck.

A storm of wild rage swept through Buck's whole body.

Il grogna à haute voix, même s'il ne savait pas qu'il l'avait fait.

He growled aloud, though he did not know that he had.

Le son était brut, rempli d'une fureur terrifiante et sauvage.

The sound was raw, filled with terrifying, savage fury.

Pour la dernière fois de sa vie, Buck a perdu la raison au profit de l'émotion.

For the last time in his life, Buck lost reason to emotion.

C'est l'amour pour John Thornton qui a brisé son contrôle minutieux.

It was love for John Thornton that broke his careful control.

Les Yeehats dansaient autour de la hutte en épicéa détruite.

The Yeehats were dancing around the wrecked spruce lodge.

Puis un rugissement retentit et une bête inconnue chargea vers eux.

Then came a roar—and an unknown beast charged toward them.

C'était Buck ; une fureur en mouvement ; une tempête vivante de vengeance.

It was Buck; a fury in motion; a living storm of vengeance.

Il se jeta au milieu d'eux, fou du besoin de tuer.

He flung himself into their midst, mad with the need to kill.

Il sauta sur le premier homme, le chef Yeehat, et frappa juste.

He leapt at the first man, the Yeehat chief, and struck true.

Sa gorge fut déchirée et du sang jaillit à flots.

His throat was ripped open, and blood spouted in a stream.

Buck ne s'arrêta pas, mais déchira la gorge de l'homme suivant d'un seul bond.

Buck did not stop, but tore the next man's throat with one leap.

Il était inarrêtable : il déchirait, taillait, ne s'arrêtait jamais pour se reposer.

He was unstoppable—ripping, slashing, never pausing to rest.

Il s'élança et bondit si vite que leurs flèches ne purent l'atteindre.

He darted and sprang so fast their arrows could not touch him.

Les Yeehats étaient pris dans leur propre panique et confusion.

The Yeehats were caught in their own panic and confusion.

Leurs flèches manquèrent Buck et se frappèrent l'une l'autre à la place.

Their arrows missed Buck and struck one another instead.

Un jeune homme a lancé une lance sur Buck et a touché un autre homme.

One youth threw a spear at Buck and hit another man.

La lance lui transperça la poitrine, la pointe lui transperçant le dos.

The spear drove through his chest, the point punching out his back.

La terreur s'empara des Yeehats et ils se mirent en retraite.

Terror swept over the Yeehats, and they broke into full retreat.

Ils crièrent à l'Esprit Maléfique et s'enfuirent dans les ombres de la forêt.

They screamed of the Evil Spirit and fled into the forest shadows.

Vraiment, Buck était comme un démon alors qu'il poursuivait les Yeehats.

Truly, Buck was like a demon as he chased the Yeehats down.

Il les poursuivit à travers la forêt, les faisant tomber comme des cerfs.

He tore after them through the forest, bringing them down like deer.

Ce fut un jour de destin et de terreur pour les Yeehats effrayés.

It became a day of fate and terror for the frightened Yeehats.

Ils se dispersèrent à travers le pays, fuyant au loin dans toutes les directions.

They scattered across the land, fleeing far in every direction.

Une semaine entière s'est écoulée avant que les derniers survivants ne se retrouvent dans une vallée.

A full week passed before the last survivors met in a valley.

Ce n'est qu'alors qu'ils ont compté leurs pertes et parlé de ce qui s'était passé.

Only then did they count their losses and speak of what happened.

Buck, après s'être lassé de la chasse, retourna au camp en ruine.

Buck, after tiring of the chase, returned to the ruined camp.

Il a trouvé Pete, toujours dans ses couvertures, tué lors de la première attaque.

He found Pete, still in his blankets, killed in the first attack.

Les signes du dernier combat de Thornton étaient marqués dans la terre à proximité.

Signs of Thornton's last struggle were marked in the dirt nearby.

Buck a suivi chaque trace, reniflant chaque marque jusqu'à un point final.

Buck followed every trace, sniffing each mark to a final point.

Au bord d'un bassin profond, il trouva le fidèle Skeet, allongé immobile.

At the edge of a deep pool, he found faithful Skeet, lying still.

La tête et les pattes avant de Skeet étaient dans l'eau, immobiles dans la mort.

Skeet's head and front paws were in the water, unmoving in death.

La piscine était boueuse et contaminée par les eaux de ruissellement provenant des écluses.

The pool was muddy and tainted with runoff from the sluice boxes.

Sa surface nuageuse cachait ce qui se trouvait en dessous, mais Buck connaissait la vérité.

Its cloudy surface hid what lay beneath, but Buck knew the truth.

Il a suivi l'odeur de Thornton dans la piscine, mais l'odeur ne menait nulle part ailleurs.

He tracked Thornton's scent into the pool—but the scent led nowhere else.

Aucune odeur ne menait à l'extérieur, seulement le silence des eaux profondes.

There was no scent leading out—only the silence of deep water.

Toute la journée, Buck resta près de la piscine, arpentant le camp avec chagrin.

All day Buck stayed near the pool, pacing the camp in grief.

Il errait sans cesse ou restait assis, immobile, perdu dans ses pensées.

He wandered restlessly or sat in stillness, lost in heavy thought.

Il connaissait la mort, la fin de la vie, la disparition de tout mouvement.

He knew death; the ending of life; the vanishing of all motion.

Il comprit que John Thornton était parti et ne reviendrait jamais.

He understood that John Thornton was gone, never to return.

La perte a laissé en lui un vide qui palpitait comme la faim.

The loss left an empty space in him that throbbed like hunger.

Mais c'était une faim que la nourriture ne pouvait apaiser, peu importe la quantité qu'il mangeait.

But this was a hunger food could not ease, no matter how much he ate.

Parfois, alors qu'il regardait les Yeehats morts, la douleur s'estompait.

At times, as he looked at the dead Yeehats, the pain faded.

Et puis une étrange fierté monta en lui, féroce et complète.

And then a strange pride rose inside him, fierce and complete.

Il avait tué l'homme, le gibier le plus élevé et le plus dangereux de tous.

He had killed man, the highest and most dangerous game of all.

Il avait tué au mépris de l'ancienne loi du gourdin et des crocs.

He had killed in defiance of the ancient law of club and fang.

Buck renifla leurs corps sans vie, curieux et pensif.

Buck sniffed their lifeless bodies, curious and thoughtful.

Ils étaient morts si facilement, bien plus facilement qu'un husky dans un combat.

They had died so easily—much easier than a husky in a fight.

Sans leurs armes, ils n'avaient aucune véritable force ni menace.

Without their weapons, they had no true strength or threat.

Buck n'aurait plus jamais peur d'eux, à moins qu'ils ne soient armés.

Buck was never going to fear them again, unless they were armed.

Ce n'est que lorsqu'ils portaient des gourdins, des lances ou des flèches qu'il se méfiait.

Only when they carried clubs, spears, or arrows he'd beware.

La nuit tomba et une pleine lune se leva au-dessus de la cime des arbres.

Night fell, and a full moon rose high above the tops of the trees.

La pâle lumière de la lune baignait la terre d'une douce lueur fantomatique, comme le jour.

The moon's pale light bathed the land in a soft, ghostly glow like day.

Alors que la nuit s'approfondissait, Buck pleurait toujours au bord de la piscine silencieuse.

As the night deepened, Buck still mourned by the silent pool.

Puis il prit conscience d'un autre mouvement dans la forêt.

Then he became aware of a different stirring in the forest.

L'agitation ne venait pas des Yeehats, mais de quelque chose de plus ancien et de plus profond.

The stirring was not from the Yeehats, but from something older and deeper.

Il se leva, les oreilles dressées, le nez testant la brise avec précaution.

He stood up, ears lifted, nose testing the breeze with care.

De loin, un cri faible et aigu perça le silence.

From far away came a faint, sharp yelp that pierced the silence.

Puis un chœur de cris similaires suivit de près le premier.

Then a chorus of similar cries followed close behind the first.

Le bruit se rapprochait, devenant plus fort à chaque instant qui passait.

The sound drew nearer, growing louder with each passing moment.

Buck connaissait ce cri : il venait de cet autre monde dans sa mémoire.

Buck knew this cry—it came from that other world in his memory.

Il se dirigea vers le centre de l'espace ouvert et écouta attentivement.

He walked to the center of the open space and listened closely.

L'appel retentit, multiple et plus puissant que jamais.

The call rang out, many-noted and more powerful than ever.

Et maintenant, plus que jamais, Buck était prêt à répondre à son appel.

And now, more than ever before, Buck was ready to answer his calling.

John Thornton était mort et il ne lui restait plus aucun lien avec l'homme.

John Thornton was dead, and no tie to man remained within him.

L'homme et toutes ses prétentions avaient disparu : il était enfin libre.

Man and all human claims were gone—he was free at last.

La meute de loups chassait de la viande comme les Yeehats l'avaient fait autrefois.

The wolf pack were chasing meat like the Yeehats once had.

Ils avaient suivi les orignaux depuis les terres boisées.

They had followed moose down from the timbered lands.

Maintenant, sauvages et affamés de proies, ils traversèrent sa vallée.

Now, wild and hungry for prey, they crossed into his valley.

Ils arrivèrent dans la clairière éclairée par la lune, coulant comme de l'eau argentée.

Into the moonlit clearing they came, flowing like silver water.

Buck se tenait immobile au centre, les attendant.

Buck stood still in the center, motionless and waiting for them.

Sa présence calme et imposante a stupéfié la meute et l'a plongée dans un bref silence.

His calm, large presence stunned the pack into a brief silence.

Alors le loup le plus audacieux sauta droit sur lui sans hésitation.

Then the boldest wolf leapt straight at him without hesitation.

Buck frappa vite et brisa le cou du loup d'un seul coup.

Buck struck fast and broke the wolf's neck in a single blow.

Il resta immobile à nouveau tandis que le loup mourant se tordait derrière lui.

He stood motionless again as the dying wolf twisted behind him.

Trois autres loups ont attaqué rapidement, l'un après l'autre.

Three more wolves attacked quickly, one after the other.

Chacun d'eux s'est retiré en sang, la gorge ou les épaules tranchées.

Each retreated bleeding, their throats or shoulders slashed.

Cela a suffi à déclencher une charge sauvage de toute la meute.

That was enough to trigger the whole pack into a wild charge.

Ils se précipitèrent ensemble, trop impatients et trop nombreux pour bien frapper.

They rushed in together, too eager and crowded to strike well.

La vitesse et l'habileté de Buck lui ont permis de rester en tête de l'attaque.

Buck's speed and skill allowed him to stay ahead of the attack.

Il tournait sur ses pattes arrière, claquant et frappant dans toutes les directions.

He spun on his hind legs, snapping and striking in all directions.

Pour les loups, cela donnait l'impression que sa défense ne s'était jamais ouverte ou n'avait jamais faibli.

To the wolves, this seemed like his defense never opened or faltered.

Il s'est retourné et a frappé si vite qu'ils ne pouvaient pas passer derrière lui.

He turned and slashed so quickly they could not get behind him.

Néanmoins, leur nombre l'obligea à céder du terrain et à reculer.

Nonetheless, their numbers forced him to give ground and fall back.

Il passa devant la piscine et descendit dans le lit rocheux du ruisseau.

He moved past the pool and down into the rocky creek bed.

Là, il se heurta à un talus abrupt de gravier et de terre.

There he came up against a steep bank of gravel and dirt.

Il s'est retrouvé coincé dans un coin coupé lors des fouilles des mineurs.

He edged into a corner cut during the miners' old digging.

Désormais protégé sur trois côtés, Buck ne faisait face qu'au loup de devant.

Now, protected on three sides, Buck faced only the front wolf.

Là, il se tenait à distance, prêt pour la prochaine vague d'assaut.

There, he stood at bay, ready for the next wave of assault.

Buck a tenu bon si farouchement que les loups ont reculé.

Buck held his ground so fiercely that the wolves drew back.

Au bout d'une demi-heure, ils étaient épuisés et visiblement vaincus.

After half an hour, they were worn out and visibly defeated.

Leurs langues pendaient, leurs crocs blancs brillaient au clair de lune.

Their tongues hung out, their white fangs gleamed in moonlight.

Certains loups se sont couchés, la tête levée, les oreilles dressées vers Buck.

Some wolves lay down, heads raised, ears pricked toward Buck.

D'autres restaient immobiles, vigilants et observant chacun de ses mouvements.

Others stood still, alert and watching his every move.

Quelques-uns se sont dirigés vers la piscine et ont bu de l'eau froide.

A few wandered to the pool and lapped up cold water.

Puis un loup gris, long et maigre, s'avança doucement.

Then one long, lean gray wolf crept forward in a gentle way.

Buck le reconnut : c'était le frère sauvage de tout à l'heure.

Buck recognized him—it was the wild brother from before.

Le loup gris gémit doucement, et Buck répondit par un gémissement.

The gray wolf whined softly, and Buck replied with a whine.

Ils se touchèrent le nez, tranquillement et sans menace ni peur.

They touched noses, quietly and without threat or fear.

Ensuite est arrivé un loup plus âgé, maigre et marqué par de nombreuses batailles.

Next came an older wolf, gaunt and scarred from many battles.

Buck commença à grogner, mais s'arrêta et renifla le nez du vieux loup.

Buck started to snarl, but paused and sniffed the old wolf's nose.

Le vieux s'assit, leva le nez et hurla à la lune.

The old one sat down, raised his nose, and howled at the moon.

Le reste de la meute s'assit et se joignit au long hurlement.

The rest of the pack sat down and joined in the long howl.

Et maintenant, l'appel est venu à Buck, indubitable et fort.

And now the call came to Buck, unmistakable and strong.

Il s'assit, leva la tête et hurla avec les autres.

He sat down, lifted his head, and howled with the others.

Lorsque les hurlements ont cessé, Buck est sorti de son abri rocheux.

When the howling ended, Buck stepped out of his rocky shelter.

La meute se referma autour de lui, reniflant à la fois gentiment et avec prudence.

The pack closed in around him, sniffing both kindly and warily.

Les chefs ont alors poussé un cri et se sont précipités dans la forêt.

Then the leaders gave the yelp and dashed off into the forest.

Les autres loups suivirent, hurlant en chœur, sauvages et rapides dans la nuit.

The other wolves followed, yelping in chorus, wild and fast in the night.

Buck courait avec eux, à côté de son frère sauvage, hurlant en courant.

Buck ran with them, beside his wild brother, howling as he ran.

Ici, l'histoire de Buck fait bien de se terminer.

Here, the story of Buck does well to come to its end.

Dans les années qui suivirent, les Yeehats remarquèrent d'étranges loups.

In the years that followed, the Yeehats noticed strange wolves.

Certains avaient du brun sur la tête et le museau, du blanc sur la poitrine.

Some had brown on their heads and muzzles, white on the chest.

Mais plus encore, ils craignaient une silhouette fantomatique parmi les loups.

But even more, they feared a ghostly figure among the wolves.

Ils parlaient à voix basse du Chien Fantôme, chef de la meute.

They spoke in whispers of the Ghost Dog, leader of the pack.

Ce chien fantôme était plus rusé que le plus audacieux des chasseurs Yeehat.

This Ghost Dog had more cunning than the boldest Yeehat hunter.

Le chien fantôme a volé dans les camps en plein hiver et a déchiré leurs pièges.

The ghost dog stole from camps in deep winter and tore their traps apart.

Le chien fantôme a tué leurs chiens et a échappé à leurs flèches sans laisser de trace.

The ghost dog killed their dogs and escaped their arrows without a trace.

Même leurs guerriers les plus courageux craignaient d'affronter cet esprit sauvage.

Even their bravest warriors feared to face this wild spirit.

Non, l'histoire devient encore plus sombre à mesure que les années passent dans la nature.

No, the tale grows darker still, as the years pass in the wild.

Certains chasseurs disparaissent et ne reviennent jamais dans leurs camps éloignés.

Some hunters vanish and never return to their distant camps.

D'autres sont retrouvés la gorge arrachée, tués dans la neige.
Others are found with their throats torn open, slain in the snow.

Autour de leur corps se trouvent des traces plus grandes que celles que n'importe quel loup pourrait laisser.
Around their bodies are tracks — larger than any wolf could make.

Chaque automne, les Yeehats suivent la piste de l'élan.
Each autumn, Yeehats follow the trail of the moose.

Mais ils évitent une vallée avec la peur profondément gravée dans leur cœur.
But they avoid one valley with fear carved deep into their hearts.

Ils disent que la vallée a été choisie par l'Esprit du Mal pour y vivre.
They say the valley is chosen by the Evil Spirit for his home.

Et quand l'histoire est racontée, certaines femmes pleurent près du feu.
And when the tale is told, some women weep beside the fire.

Mais en été, un visiteur vient dans cette vallée tranquille et sacrée.
But in summer, one visitor comes to that quiet, sacred valley.

Les Yeehats ne le connaissent pas et ne peuvent pas le comprendre.
The Yeehats do not know of him, nor could they understand.

Le loup est un grand loup, revêtu de gloire, comme aucun autre de son espèce.
The wolf is a great one, coated in glory, like no other of his kind.

Lui seul traverse le bois vert et entre dans la clairière de la forêt.
He alone crosses from green timber and enters the forest glade.

Là, la poussière dorée des sacs en peau d'élan s'infiltre dans le sol.
There, golden dust from moose-hide sacks seeps into the soil.

L'herbe et les vieilles feuilles ont caché le jaune du soleil.

Grass and old leaves have hidden the yellow from the sun.

Ici, le loup se tient en silence, réfléchissant et se souvenant.

Here, the wolf stands in silence, thinking and remembering.

Il hurle une fois, longuement et tristement, avant de se retourner pour partir.

He howls once—long and mournful—before he turns to go.

Mais il n'est pas toujours seul au pays du froid et de la neige.

Yet he is not always alone in the land of cold and snow.

Quand les longues nuits d'hiver descendent sur les basses vallées.

When long winter nights descend on the lower valleys.

Quand les loups suivent le gibier à travers le clair de lune et le gel.

When the wolves follow game through moonlight and frost.

Puis il court en tête du peloton, sautant haut et sauvagement.

Then he runs at the head of the pack, leaping high and wild.

Sa silhouette domine les autres, sa gorge est animée par le chant.

His shape towers over the others, his throat alive with song.

C'est le chant du monde plus jeune, la voix de la meute.

It is the song of the younger world, the voice of the pack.

Il chante en courant, fort, libre et toujours sauvage.

He sings as he runs—strong, free, and forever wild.

www.ingramcontent.com/pod-product-compliance
Lightning Source LLC
Chambersburg PA
CBHW011732020426
42333CB00024B/2849